공병호의
창조경영

공병호의 창조경영

공병호 지음

21세기북스

| 프롤로그 |

공병호가 말하는 창조경영

연초에 삼성전자의 신임 임원을 대상으로 '창조경영과 미래 창조'라는 제목의 특강을 한 적이 있다. 아마도 근래에 이건희 회장이 새로운 삼성 그룹의 화두로 '창조경영'을 내세운 터라 교육 담당자들이 그런 제목을 선택한 것 같다. 참고로 2006년 9월, 이건희 회장은 뉴욕에서 열린 삼성전자 사장단 회의에서 향후 삼성이 지향해야 할 좌표로 '창조경영'을 이렇게 강조한 바 있다.

20세기 경영과 21세기 경영은 다르다. 20세기에는 물건만 잘 만들면 1등이 됐지만 지금은 품질에 별 차이가 없다. 21세기에는 여기에 디자인, 마케팅, 연구개발 등이 복합적으로 어우러진 창조적인 것을 만들어내야 살아남을 수 있다.

특강의 주제를 의뢰받자마자 이런 생각이 떠올랐다. 세상에는 '이건희 회장이 바라보는 창조경영'이 있을 것이고, '삼성전자의 임원과 조직원이 바라보는 창조경영'이 있을 것이다. 물론 '공병호가 바라보는 창조경영'도 있을 것이다.

그렇다면 이번 강연에서 '공병호가 바라보는 창조경영', 그러니까

'공병호식 창조경영'이란 주제를 염두에 두고 강연록을 한번 만들어보겠다는 바람을 가졌다. 개념을 만들고 체계화하는 능력 면에서는 지식인이 기업에서 활동하는 사람들에 비해 상대적인 우위를 갖고 있기 때문에 의미 있는 작업이 될 것이라고 판단하고 준비했다.

당일 강연을 진행하면서 나는 임원들에게 각자 자신의 생각을 바탕에 두고 '창조경영은 무엇인가?'라는 질문에 대한 답을 정리해보라고 요구했다. 회장이 생각하는 창조경영이 일목요연하게 정리되어 있지 않은 상태에서 단위조직을 이끄는 임원들은 과연 어떤 생각을 갖고 있을까 궁금하기도 했고, 내 의견을 제시하기 전에 임원들 스스로 자신의 생각을 정리하는 시간을 주고 싶었기 때문이다. 약간의 시간을 준 다음 네 명의 임원에게 의견을 물어보았다.

K씨 : 위기관리를 통해서 최대의 실적을 올리는 경영활동을 말합니다.
O씨 : 현재 시장에서 1등을 쟁취하는 것을 포함해 새로운 시장과 새로운 고객 개발을 통해 해당 시장에서도 압도적인 1위를 차지하는 것입니다.
P씨 : 새로운 시장인 블루오션을 창조하는 것을 말합니다.
L씨 : 지속적으로 더 많은 가치를 창조해가는 활동입니다.

임원들은 각자가 맡고 있는 업무, 그동안의 경험, 각자의 지식과 정보 등 다양한 요소를 토대로 각기 다르게 '창조경영'을 해석하고 있었다. 이런 해석은 창조경영이 현장에서 실제로 적용될 때 일사불란함보다는 다양한 모습을 갖게 될 것임을 시사한다.

물론 어느 경영학 책을 보더라도 '창조경영'이란 용어는 없을 뿐더러 그것에 대한 정의도 없다. 이건희 회장이 '창조경영'이란 화두를 삼성그룹의 미래 개척 방향으로 제시한 지 꽤 시간이 흘렀지만, 실제로 현장에서 이것이 무엇을 의미하며, 이것이 자신의 조직과 개인에게 어떤 의미를 갖는지에 대한 깊이 있는 논의가 진행되지 못했음을 확인할 수 있는 기회였다. 충분히 도전해볼 만한 연구 주제라는 판단이 들었다.

나에게는 몇 가지 집필 원칙이 있다. 하나는 그 주제가 시간과 에너지를 투입할 만큼 재미있고 가치가 있는가? 여기서 말하는 재미는 개인적인 흥미도 있지만 학습할 수 있는가 하는 점이 중요하다. 그리고 그 주제가 의미가 있는가? 이를테면 개인과 조직, 그리고 사회에 기여할 여지가 많은가 하는 점을 반드시 따지게 된다. 마지막으로 시장에서 수요가 있는 주제인가? 모든 선택은 다른 무엇인가를 포기하는 일이기 때문에 주제 선정은 조심스럽게 하는 편이다.

이건희 회장이 제시한 '창조경영'은 비단 삼성그룹만의 문제가 아니라고 본다. 그것을 어떻게 해석하느냐에 따라 침체 일로에 있는 한국 기업과 조직, 사회뿐만 아니라 개인에게도 새로운 활로 개척의 시사점과 대안이 될 수 있다. 세상에 아주 새로운 것은 없다고 하지만 우리는 타인의 제품, 서비스, 기술, 생산방법에 새로운 것을 더해 성장해온 점을 부인하기 힘들다. 모방과 개선을 바탕으로 가치를 만드는 성장방식을 고수해온 것이 한국인이 지금까지 걸어온 길이다. 우리만의 독특한 '그 무엇'이 얼마나 많은지 한번 생각해봐야 할 시점이다.

얼마 전 산업자원부에서 주최한 '부품소재 신뢰성 국제포럼'의 하상 강연에서 GE의 전 회장 잭 웰치가 '한국은 성장하는 데 성공했지만 독특함이 없었다'라고 지적하여 네티즌들이 분노한 적이 있다. 하지만 그의 충고는 깊이 새겨들어야 할 부분도 있다. 한마디로 창조가 부족했다는 그의 지적을 요약하면 다음과 같다.

단순히 신제품을 빨리 내놓거나 효율성만 높이는 시대는 지났다. 한국도 혁신을 통해 전체 경쟁력을 키워야 한다. 한국은 혁신제품을 가져와 기능을 더하고 비용 효율성을 높일 뿐 새롭게 발명하는 것은 많지 않다. 미국은 모험가,

사업가 정신으로 가득 찬 창업자들이 다양한 아이디어를 내놓는다.

창의적 아이디어나 혁신 제품을 개발한 사람에게 많은 보상을 해야 한다. 이들을 영웅, 스타플레이어로 대접해 역할 모델이 될 수 있도록 해야 한다. 한국 기업의 경영체제는 중국, 일본과 마찬가지로 상명하달식이 대부분이어서 독립적인 전문 경영인을 키우지 못한다. 수출이 성장을 주도하는 한국 경제에서 수출로 얻는 이익을 키우려면 인수합병을 더 많이 해야 하고, 인수기업에 투입할 경영인력을 충분히 확보해야 한다.

나는 다른 주제들을 제쳐두고라도 '창조경영'에 대한 해설과 아울러 그 의미와 구체적인 실천방법까지 총정리한 책이 필요하다는 결론을 내리게 되었다. 이를 담당할 만한 사람들이 누가 있을까? 대학에는 경영학을 연구하는 분들이 많지만 이분들에게 '창조경영'이란 특정 기업의 혁신운동 정도로 간주될 것이기 때문에 당분간 책이 나올 가능성은 없어 보인다. 그렇다면 내가 나서서 '공병호의 창조경영'을 집필하는 것도 의미가 있다는 생각이 들었다.

이 책은 첫째, '창조경영은 무엇을 뜻하는가?'라는 질문에 대한 답을 정리하였다. 다시 말하면 창조경영의 의미를 정의하고 있다. 그리고 기존의 개선, 혁신, 창조가 어떤 관계를 갖고 있는지, 기업 경영에서 차지하는 창조경영의 의미를 제시하고 있다.

둘째, 지금 창조경영이 우리에게 절실히 요구되는 이유를 정리해보았다. 우리가 창조경영에 깊은 관심을 가져야 할 필요성을 말한다.

셋째, 이제까지 창조경영의 성공적인 사례는 어떤 것들이 있는지 알아보고 9가지 사례를 통해서 그 의미를 살펴본다. 아이팟, 워크맨, 렉서스, 이베이, 딤채 등이 창조경영이란 틀 안에서 소개된다.

넷째, 창조경영을 하려면 조직은 어떤 전략을 세워야 하는지 살펴본다. 특히 기업에서 창조경영을 하기 위해서는 무엇을 어떻게 바꾸어야 하는가를 다루고 있다.

마지막으로 창조경영을 실천하는 방법을 소개하려고 한다. 개인의 실천방법, 팀과 같은 소규모 단위조직의 실천방법, 끝으로 조직 차원의 실천방법에 대해 살펴보려고 한다.

창조경영이 이 시대의 화두가 되어 한국 사회가 새로운 활로를 개척해나가는 데 큰 기여를 할 수 있었으면 한다. 물론 이러한 가능성이 실현되는 데 필자의 책이 한몫을 담당할 수 있을 것으로 본다.

2007년 7월 공병호

contents

프롤로그
공병호가 말하는 창조경영

1 창조경영의 원천   13
  01 기업경영의 본질과 가치창조
  02 창조경영이란
  03 개선, 혁신, 그리고 창조경영

2 왜 창조경영인가   35
  01 2차 함수의 터닝포인트
  02 한국 기업 위기돌파의 핵심

3 창조경영의 성공사례   51
  01 아이콘 창조 ① 아이팟
  02 아이콘 창조 ② 워크맨
  03 브랜드 창조 렉서스
  04 새로운 시장 창조 이베이
  05 원가 파괴 사우스웨스트 항공
  06 새로운 가치 창조 스타벅스
  07 새로운 상품 카테고리 창조 딤채 김치냉장고
  08 문화 아이콘 창조 해리포터 시리즈
  09 새로운 기술 창조 에어컨

4 창조경영 어떻게 적용할 것인가   101

01 창조는 자원이 아니라 사람의 일
02 창조로의 도약, 결정적인 핵심은 리더
03 창조적 인재를 위한 보상 시스템
04 자극과 도전을 주는 창조적인 일터
05 쌍방향 커뮤니케이션의 정착
06 감동이 있는 윤리적인 조직
07 감탄사가 나오도록 즐기며 일하라
08 실패를 허용하는 문화
09 쓸모 있는 괴짜를 채용하라
10 창조적 인재를 키우는 교육

5 창조경영 어떻게 완성할 것인가   177

01 창조경영의 핵심은 개인
02 개인의 창조력을 배양하는 팀
03 끊임없이 창조에 대한 메시지를 전달하는 조직

에필로그
생존과 번영의 필수조건, 창조경영

1

창조경영의 원천

"기업 경영의 핵심은 무엇인가?
기업 경영에서 창조경영은 어떤 위치를 차지하며, 과연 무엇을 뜻하는가?
특히 창조경영을 주도하는 사람은 어떤 면에 주목해야 하는가?"

01_
기업 경영의 본질과 가치창조

기업의 간부들과 함께 하는 강연장에서 나는 간단하지만 근본적인 질문을 던질 때가 있다. '기업 경영의 본질은 무엇인가?'라는 식의 질문 말이다. 만일 여러분이 이런 질문을 받는다면 어떻게 답하겠는가? 우리 모두 시험을 치르는 학생이라고 가정하고, 다음의 밑줄에 과연 어떤 말을 써넣을지 잠시 동안만이라도 생각을 정리해보자.

질문 : 기업 경영의 본질을 무엇이라고 생각합니까?
답 : 나는 기업 경영의 본질을 _____ 라고 정의하고 싶습니다.

내가 직접 여러분의 답을 확인해볼 길은 없지만 다양한 답이 나올 것이다. 여러분이 일하고 있는 업종이나 주력 상품, 서비스의 특징, 그리고 대답하는 사람의 경험이나 교육 정도에 따라 각기 다른 답을 내놓을 수 있다. 예를 들어 연구개발이나 생산과 같은 업무를 담당하는 사람과 마케팅이나 기획 업무를 담당하는 사람은 당연히 다른 대답이 나올 것이다.

어쩌면 이런 질문에 대한 유일한 해답을 구하는 것 자체가 무리일 수도 있다. 기업 경영을 바라보는 시각에 따라 다양한 답이 나올 수 있기 때문이다. 누군가 나에게 똑같은 질문을 던진다면 나는 기업 경영의 본질은 '고객을 위해 지속적으로 가치를 창출(창조)하는 일련의 활동들'이라고 답하고 싶다. 그러니까 기업 경영에서 가장 중요한 단어는 '고객'과 '가치창조'이다.

참고로 동기부여 분야에서 명성을 얻고 있는 브라이언 트레이시는 "사업의 목적은 고객을 만들어 유지하는 것이다"라고 정의하면서 "많은 사람들이 이윤창출이라고 생각하지만, 이는 고객들을 그저 비용과 수익 분석으로 계산한 결과일 뿐이다"라는 설명을 친절하게 덧붙이기까지 한다. 물론 그의 말 가운데 사업의 목적을 기업 경영의 목적이라고 대체할 수 있을 것이다.

그러나 모든 기업은 어떤 형식으로든 가치를 만들고 있기 때문에 내가 내린 정의만으로는 충분하지 않다. 위의 정의에다 한 가지를 더해야 기업의 생존과 번영을 보장받을 수 있다. 그것은 '경쟁사를 압도할 수 있을 정도로'라는 꾸밈말이다. 이를 다시 정리하면 기업 경영의 본질은 '경쟁사를 압도할 수 있을 정도로 고객을 위해 지속적으로 가치를 창출(창조)하는 일련의 활동들'이라고 할 수 있다.

그렇다면 기업 경영의 본질은 이것이 전부라고 볼 수 있는가? 나는 그렇다고 생각하지 않는다. 위의 정의는 좁은 의미의 본질이다. 이를 좀더 넓은 의미로 파악하려면, 기업 경영의 본질에서 고객을 더 넓은 의미로 재해석해야 한다.

기업은 '많은 이해관계자들의 계약적 모임'이다. 때문에 '고객'이란 단어 대신 '이해관계자들'이란 단어가 들어가야 할 때가 있다. 이해관계자들마다 각자가 원하는 가치는 다를 것이다. 우선 기업의 이해관계자들 가운데 으뜸은 기업의 존립에 중추적인 역할을 담당하는 전통적인 의미의 고객이라고 할 수 있다. 그들이 원하는 가치는 저렴한 가격일 수도 있고, 뛰어난 품질일 수도 있다. 반면에 자본을 제공하는 주주가 원하는 바는 많은 배당과 주식가격의 상승일 것이며, 자본을 빌려주는 채권자들에게는 정해진 시간에 맞추어 꼬박꼬박 이자를 지불하는 것이라 할 수 있다.

기업의 이해관계자들 가운데 근로자들은 괜찮은 보수와 안정적인 직장, 그리고 스스로 성장할 수 있는 기회 등이 가치일 수 있으며, 부품이나 소재를 공급하는 협력업체들에겐 합리적인 가격과 결제조건, 가능한 한 많은 물량을 구입해주는 것이 가치일 수도 있다. 물론 이해관계자들 가운데 최우선에 놓아야 할 존재는 역시 고객이다.

따라서 넓은 의미에서 기업 경영의 본질은 '경쟁사를 압도할 수 있을 정도로 이해관계자들을 위해 지속적으로 가치를 창출(창조)하는 일련의 활동들'이라고 정의할 수 있다.

그러나 경쟁사를 압도하기는커녕 기업의 생존에 필요한 가치를 만들어내는 데도 어려움을 겪는 기업들이 예상외로 많다. 예를 들어 매년 한국상장회사협의회가 금융업을 제외한 500여 개의 12월 결산 기업(2005년 기준)을 대상으로 조사한 바에 의하면, 영업활동을 해서 벌어들인 이익으로 빌린 돈의 이자비용조차 지불하지 못하는 기업이 전체 기업 중 25%를 넘어서고 있다고 한다. 그만큼 기업 경영에서 제대로 된 가치창조가 얼마나 어려운 일인지 나타내는 사례라고 할 수 있다.

그러면 가치는 어디로부터 오는 것일까? 이른바 가치창조의 원천을 살펴볼 필요가 있다. 가치란 기업이 결정하는 것이 아니라 고객의 주관적인 판단에 의존한다. 고객들이 왜 특정 기업의 상품이나 서비스를 경쟁사의 것보다 선호하는지 그 이유를 살펴보면 가치창조의 원천이 어디에서 비롯되는지 쉽게 알 수 있다.

가치창조의 첫 번째 원천은 싼 가격이다. 상품이나 서비스가 비슷할 경우 가격이 싸면 팔릴 수 있는 가능성이 높다. 물론 일부 고가 제품은 비싸면 비쌀수록 더 잘 팔리는 경우도 있지만 대부분의 상품이나 서비스는 저렴한 비용이 고객들에게 충분한 구매동기를 제공한다. 낮은 성장이 지속되고 고객들의 호주머니가 얇아질수록 가격의 중요도는 더욱 높아진다. 기존 산업에서 후발자들은 기존 기업들의 시장을 빼앗기 위해 흔히 가격파괴라는 무기를 사용한다. 유통, 항공, 제조업 분야에서 활발하게 일어나고 있는 초저가 상품의 등장은 싼 가격이 가치창조의 원천이 되고 있음을 보여준다.

두 번째 원천은 품질이다. 오늘의 도요타를 있게 한 것은 바로 '도요타는 품질이 좋다'는 등식을 만들어낼 수 있었기 때문이다. 도요타가 미국에서 '최고의 품질'이라는 이미지를 만들어내고 이를 바탕으로 벤츠와 BMW, 그리고 아우디가 석권하고 있던 철옹성 같은 고급차 시장에서 상당한 시장점유율을 확보할 수 있었던 것은 고객들이 원하는 가치 가운데 품질에 주목했기 때문이다.

프리미엄급 자동차를 살 수 있는 사람일수록 시간당 임금이 높을 것이고, 이들은 차를 구입한 후 애프터서비스 센터를 들락거리는 것 자체에 불편함을 느낀다는 점에 렉서스는 주목했다. 또한 렉서스는 고소득자일수록 이러한 시간 손실에 민감하다는 사실에 초점을 맞춘 전략을 구사하여 오늘의 렉서스를 만들어내는 데 성공했다. 물론 마케팅도 그 역할을 톡톡히 했다.

세 번째 원천은 브랜드일 것이다. 왜 사람들은 비싼 가격을 지불하면서 명품 브랜드에 집착하는가? 혹자는 생필품도 아닌데 브랜드 구매에 많은 돈을 지불하는 사람들을 이해할 수 없다고 말하기도 한다. 그러나 사람들은 필수적인 상품을 통해서 기능을 소비하는 반면 명품 브랜드를 통해서는 이미지를 소비한다. 나이키는 스포츠용 신발이라는 기능을 제공하지만, 거기에 덧붙여 마이클 조던과 같은 걸출한 선수가 주는 역동적인 이미지, 활력, 꿈, 그리고 비전을 제시해주기 때문에 브랜드 가치를 인정받는 것이다.

네 번째 원천은 디자인이 제공하는 아름다움이다. 디자인이 멋진 상품을 볼 때 '아! 정말 멋있다, 대단하다, 갖고 싶다'는 욕망을 느낄 것이다. 그럼에도 그것을 구입하지 못했다면 욕망을 느꼈던 그 순간이 오랫동안 기억 속에 남아 있을 것이다. 사람들은 기능도 소비하지만 동시에 아름다움도 소비한다. 자동차의 멋진 외관, 휴대폰의 아름다운 모습, 가

구들의 우아한 곡선, 이 모든 것은 아름다움 자체가 소비의 대상이 될 수 있음을 가르쳐준다.

다섯 번째 원천은 편리함이다. 요즘은 다양한 기능을 간편하게 이용할 수 있는 상품들이 많이 등장한다. 사람들이 상품이나 서비스를 구매하는 이유 가운데 빼놓을 수 없는 것은 그 상품이나 서비스를 통해서 누릴 수 있는 편리함이다. 세탁기, 냉장고와 같은 내구성이 강한 상품을 비롯해서 가방과 같은 일상적인 제품은 편리함이란 가치를 제공한다.

필자의 경험을 하나 소개하기로 하자. 나는 어떤 사람이나 물건보다 오랜 시간을 함께 보내는 가방이 있다. '움직이는 사무실'이라고 부르는 여행용 가방이다. '투미(Tumi)'라는 브랜드인데, 워낙 기능성이 뛰어나기 때문에 사용하면서 나도 모르게 '어쩌면 이렇게 편리하게 상품을 만들 수 있을까'라는 질문을 던질 때가 많다. 물건을 만든 사람들에게 종종 감사와 감탄을 표시할 정도이다. 그야말로 해당 제품을 사용하면 할수록, 제품과 회사의 충성스러운 고객이 되어간다는 걸 나 자신도 느낀다. 투미에서 만든 제품은 무엇이든 좋다는 식으로 말이다.

여섯 번째 원천은 체험이다. 짧은 시간이지만 사람들에게 적절한 휴식과 위안, 한 걸음 더 나아가 호사라는 체험을 제공할 수 있어야 한다. 스타벅스와 같은 테이크아웃 상품이 제공하는 가치도 바로 체험이다. 에버랜드와 디즈니랜드는 체험이란 가치를 제공하는 대표적인 상품이라 할 수 있다.

그밖에 단순함, 속도, 맛, 즐거움, 감동 등 가치의 원천이 될 수 있는 것들이 뒤를 이을 것이다.

여러분은 기업 경영의 본질을 생각할 때 다음의 세 가지 질문을 던져봐야 한다.

첫째, 당신(혹은 당신 조직)이 고객에게 제공하는 가치는 무엇인가?

둘째, 당신(혹은 당신 조직)이 고객에게 제공하는 가치를 더 많이, 더 빨리, 더 저렴하게 제공할 수 있는 방법은 무엇인가? 그리고 이런 방법을 개발하기 위해 어떤 노력을 기울이고 있는가?

셋째, 당신(혹은 당신 조직)이 제공할 수 있는 추가적인 가치는 무엇인가? 새로운 가치를 제공하기 위해 무엇을 어떻게 해야 하는가?

02_
창조경영이란

창조경영을 어떻게 이해하고 있는가? 프롤로그에서 네 명의 임원 이야기를 들어본 것처럼 사람마다 다양한 정의를 내릴 수 있다. 독자 여러분이 같은 질문을 받는다면 과연 어떤 답을 제시할 수 있는가? 여러분에게 혹은 여러분이 몸담고 있는 조직에서 창조경영은 어떤 의미로 받아들일 수 있는지, 앞의 경우처럼 질문에 대한 답으로 정리해보자.

질문 : 당신은 창조경영을 어떻게 정의 내리고 싶은가요?
답 : 나는 창조경영을 _____라고 정의하고 싶습니다.

같은 질문을 삼성그룹 이건희 회장에게 던진다고 가정해보자. 이 회장이 '창조경영은 이런 것이다'라고 명확히 정의한 바는 없지만, 그가 어떤 의도를 갖고 이런 화두를 제시했는지 추측해보기 위해서 그동안의 발언록을 두 부분으로 정리해보았다. 앞부분은 2005년 이후 그가 다양한 장소에서 창조경영과 관련해 발언한 내용이고, 뒷부분은 2007년 신년사 가운데 창조경영 관련 대목을 발췌해보았다.

창조경영 관련 발언록

21세기는 디지털 역동성을 가진 아시아가 세계 시장을 지배하는 시대가 될 것입니다. 미래는 예측하고 기다리는 것이 아니라 창조해가는 것이며, 지금은 모두가 디지털 시대를 출발하는 동일 선상에 있기 때문에 빠르게 준비하고 창조하는 사람이 선두에 설 수 있습니다.

++2005년 5월 17일, 포춘 포럼

일류기업에서 초일류기업으로 도약하기 위해서는 지금의 가치관, 일하는 방법, 사고방식으로는 절대 달성할 수 없습니다. 앞으로의 도전은 목표와 방향을 우리 스스로 찾고 설정해야 하는 창조적 리더십을 요구하고 있습니다.

++2005년 11월 1일, 삼성전자 36주년 기념사

1등 상품을 만드는 데만 신경 쓰다 보니 삼성의 조직이 비대해져 느슨해진 것을 느끼지 못했다.

++2006년 2월 4일, 귀국 소감

참신한 아이디어들을 많이 모아 경영에 새로운 바람을 일으켜라.
++2006년 5월 9일, 금융사장단 회의

이제 삼성은 누구를 벤치마킹하거나 모방하는 단계는 지났다. 시장을 선도할 수 있는 창조적 경영이 필요한 때다. 잘 나간다고 자만하지 말고 항상 위기의식을 갖고 변화의 흐름을 잘 파악해야 한다. 과거에 해오던 대로 하거나 남의 것을 베껴서는 절대로 독자성이 생기지 않기 때문에 모든 것을 원점에서 보고 새로운 것을 찾아내는 창조성이 필요하다.
++2006년 6월 28일, 독립계열사 사장단 회의

뉴욕은 세계 최고의 디지털 제품이 경쟁하는 각축장이며, 뉴욕의 최고급 소비자들로부터 인정받아야 진정한 세계 최고가 될 수 있다. 한국 독자기술로 통신 종주국 미국 본토에 와이브로나 40나노 32기가 낸드플래시 개발을 가능케 한 CTF(Charge Trap Flash) 기술, 세계 LCD TV 시장 선두로 올라선 '보르도 TV' 등도 독창적인 창조경영의 산물이다.

창조적 경영을 정착시키기 위해서는 무엇보다도 우수 인력 채용과 육성, 과감한 R&D 투자가 필요하다. 과거처럼 남의 것을 복제해서는 안되고 모든 것을 새롭게 보고 삼성만의 고유한 차별성과 독자성을 창조해야 한다.
++2006년 9월 18일, 전자사장단 회의

세계 최고 선수들이 뛰는 잉글랜드 프리미어리그는 우수 인력들이 펼치는 창조적 플레이의 경연장이다. 경영에도 프리미어리그식 창조경영을 적용해 우수 인력들을 확보하고 양성해나가는 것이 중요하다.

++2006년 9월 30일, 런던에서 첼시 경영진과의 만남

셰이크 모하메드가 두바이를 세계가 주목하는 발전 모델로 변화시켰듯이 우리도 각 사의 미래 성장 잠재력을 위한 창조경영에 힘써나가야 할 것이다.

++2006년 10월 8일, 두바이의 삼성물산 건설현장에서

2007년 신년사 중 창조경영

우리는 지금 21세기 디지털 시대의 중심에 서서 새로운 창조적 혁신의 물결을 맞이하고 있습니다. 안팎에서 밀려오는 도전과 변화의 파고는 더욱 높아지고 그 속에서 영원한 1등은 존재하지 않습니다. 이제까지 1등이던 기업이 경쟁력을 잃는 순간 일류의 대열에서 사라지고 새로운 시장과 고객을 창출한 후발주자가 순식간에 정상에 올라서는 시대가 된 것입니다.

(키워드 : 치열한 경쟁 환경의 전개)

삼성도 예외일 수 없습니다. 우리만의 경쟁력을 갖추지 못하면 정상의 발치에서 주저앉을 것이나, 창조적 발상과 혁신으로 미래의 도전에 성공한다면 정상의 새 주인으로 올라설 것입니다. 이를 위해서는 먼저 급변하는 국내외의 여건과 사회의 흐름을 신속하게 읽고 미리 대응함으로써 위기를 최소로 줄이고, 나아가 기회로 반전시키는 위기관리 체제를 갖추어야 합니다.

(키워드 : 위기감 유지의 필요성)

그리고 세계의 인재들이 이곳 삼성에서 마음껏 발상하고 역량을 최대한 발휘

할 수 있도록 경영 시스템과 제도의 개혁은 물론, 우리가 소중하게 간직해온 기업문화까지 시대적 변화에 맞도록 바꾼다는 각오를 해야 할 것입니다.

(키워드 : 시스템과 문화의 지속적 개혁)

또한 실패를 받아들이는 풍토가 조성되어야 합니다. 실패와 창조는 물과 물고기 같아서 실패를 두려워하면 창조는 살 수 없습니다. 실패는 창조의 디딤돌이며 성공을 위한 자산입니다.

(키워드 : 실수와 실패를 허용하는 문화)

오늘날은 생산력이 중심이던 20세기와는 달리 마케팅, 디자인, 브랜드와 같은 소프트 역량이 한데 어우러진 복합 창조력을 요구하는 시대입니다. 따라서 우수한 인재를 모으고 연구개발에 집중하여 새로운 기술과 제품, 시장을 만드는 데 더 많은 힘을 쏟아야 할 것입니다.

(키워드 : 창조경영을 위한 인재의 중요성)

이와 함께 신수종 사업을 찾는 일도 서둘러야 합니다. 디지털 시대 1년의 변화는 아날로그 시대 100년의 변화에 맞먹습니다. 더 이상 머뭇거릴 시간이 없습니다. 지금 우리를 대표하는 산업들은 순환의 고리를 따라 가까운 장래에 중국이나 인도, 동남아로 옮겨가게 될 것입니다. 고객과 시장의 흐름, 우리의 핵심 역량을 살펴 사업구조와 전략을 다시 점검하고 반도체, 무선통신의 뒤를 이을 신사업의 씨앗을 뿌려야 합니다.

(키워드 : 신수종 사업 개발)

이건희 회장의 발언을 차근차근 읽으면서 여러분의 머릿속에는 어떤 생각이 떠오르는가? 여러분만의 창조경영에 대한 정의가 어느 정도 정리되는가? 여기서 독자 여러분이 생각하는 창조경영, 그리고 원래 이 아이디어를 제시한 이건희 회장의 발언 등을 총정리해서 창조경영의 의미를 정리할 필요가 있다.

창조경영을 이미지로 나타낸다면, 'Surprising!(놀랍다)', 'Fantastic!(환상적이다)', 'Excellent!(탁월하다)', 'Perfect!(완벽하다)', 'Wow!(진짜 대단하네)'라는 놀라움, 감탄, 찬사를 포함하는 용어를 떠올릴 수 있을 것이다. 고객이나 이해관계자들이 전혀 기대하지 못했던 놀라운 상황이 기업 경영에서 벌어지는 것을 뜻한다. 이를 문장으로 정리해보면, 나는 창조경영을 다음과 같이 정의할 수 있다고 생각한다.

창조경영은 고객들이나 이해관계자들이 전혀 예상하지 못할 정도로 놀라운 수준의 가치를 제공하기 위해 기업의 전 활동영역, 이를테면 연구개발, 생산, 디자인, 마케팅, 인재 육성, 지원 업무 등에 걸쳐서 획기적인 변화를 추진해 나가는 일련의 활동들을 말한다.

결과적으로 창조경영은 기존의 상품과 서비스에서 고객들이 상상할 수 없을 정도로 최고의 가치를 제공하는 활동일 수도 있으며, 이제까지 전혀 존재하지 않았던 상품이나 서비스를 발견해서 고객들이 예상하지 못했던 가치를 제공하는 활동일 수도 있다. 기술이란 면에서 창조경영은 다른 분야와 마찬가지로 기존의 관행과 상식, 고정관념을 뛰어넘을 정도로 획기적인 결과물을 낳는 경우를 말한다.

창조경영은 고객들에게 탁월한 상품과 서비스를 공급함으로써 놀라운 수준의 고객만족을 제공할 것이며, 이에 따라 브랜드와 회사에 대한 고객들의 충성도도 크게 증가할 것이다. 동시에 창조경영은 회사에 막대한 이익을 안겨다주어 지속적인 성장을 가능하게 하고, 이는 또한 투자자들이나 채권자들에게 주식가치와 배당의 증가와 같은 재정적 이익을 가져다줄 것이다.

기업의 구성원들은 높은 보수와 자기성장을 이룰 수 있을 뿐만 아니라, 자신들이 동종 업계는 물론이고 기술이나 제품 혹은 서비스를 선도해간다는 자긍심과 자부심을 갖게 된다. 끝으로 창조경영은 지역사회나 국가에도 세수 증대와 사회공헌 등 다양한 형태로 긍정적인 효과를 가져올 것이다.

03_
개선, 혁신, 그리고 창조경영

개선활동, 혁신활동, 그리고 창조경영 사이에는 어떤 관계가 있는가? 어느 기업이든 다양한 모습의 개선활동과 혁신활동을 이미 활발히 전개하고 있다. 개선활동과 혁신활동이 꾸준히 이루어지지 않는다면 기업은 지속적으로 가치를 만들어낼 수 없기 때문이다.

그렇다면 개선활동을 어떻게 이해해야 할까? 기존의 기업활동과 직간접으로 연결된 모든 부분, 이를 테면 프로세스, 구조, 방법 등에서 생산성을 지속적으로 개선하기 위한 일련의 활동이라 할 수 있다. 개선, 혁신, 창조 가운데 변화의 폭과 강도가 가장 낮은 수준이기 때문에 그만큼 만들어내는 성과의 크기도 제한적이다.

개선을 통해 성과를 높일 수 있는 방법은 어떤 것들이 있을까? 지속적으로 낭비를 제거하면 된다. 낭비를 제거하는 대표적인 사례로 도요타 생산방식을 들 수 있다. 도요타 자동차에 대해 오랫동안 연구해온 제프리 라이커 교수는 도요타의 개선활동은 "고객의 눈을 통해 프로세스의 부가가치 활동에 기여하지 못하는 것들을 제거하는 것이다"라고 말한다. 부가가치 활동에 기여하지 못하는 것은 과잉 생산, 작업 대기, 불필요한 수송 또는 운반, 과도한 공정 처리 혹은 부정확한 공정, 과잉 재고, 불필요한 동작, 결함, 종업원의 창의성을 활용하지 않는 것 등 모두 8가지 원인으로부터 발생한다.

개선활동을 상징적으로 보여주는 문구로 '완벽함을 향한 끊임없는 추구'를 들 수 있다. 이는 도요타의 프리미엄급 자동차 렉서스의 광고에서 사용해왔던 것이다. 기업활동의 모든 공정을 완벽한 수준에 도달할 수 있도록 지속적으로 바꾸어나가는 활동이 개선활동이다. 도요타 자동차의 사장을 지냈던 후지오 조는 도요타 방식의 두 가지 기둥인 '지속적인 개선'과 '인간 존중'에 대해 이렇게 말한다.

우리는 행동하고 실현하는 것에 최고의 가치를 둔다. 세상에는 이해할 수 없는 것이 많다. 그래서 우리는 직접 가서 실제로 해보라고 말한다. 우리는 자신의 지식의 한계를 알고, 실패에 마주치며, 그러한 실패들을 교정한 뒤 다시 시도하고, 두 번째 시도에서 또 다른 실수와 우리가 하지 못한 또 다른 것을 알게 되면 다시 시도할 수 있다. 지속적인 개선, 즉 실천에 기초한 개선을 통해 지식과 실력을 보다 높은 수준으로 향상시킬 수 있다.

++제프리 라이커(Jeffrey K. Liker), 『도요타 방식』, p. 31

한편 혁신은 변화의 강도나 폭이 개선과는 비교할 수 없을 정도로 강하고 넓다. 혁신을 개념화하는 데 큰 역할을 한 조셉 슘페터는 "(이노베이션이란) 특정 시스템(혹은 기술)의 균형점을 이동시키는 것이며, 그 새로운 균형점은 이전의 균형점으로부터 연속적인 방법으로는 도달할 수 없는 것이다"라고 정의하고 있다. 다시 말하면 균형점을 연속적으로 이동시켜나가는 것이 아니라, 새로운 균형점을 만들어내는 변화가 이노베이션이란 뜻이다. 슘페터는 예를 들어 우편마차를 몇 대 연결한다고 해서 결코 철도로 변화하지 않는다고 말한다.

『성공기업의 딜레마』라는 책으로 유명한 하버드 대학의 클레이튼 크리스텐슨 교수는 혁신을 두 가지로 나누어서 설명하고 있다. 하나는 '존속적 혁신(Sustaining Innovation)'이고, 다른 하나는 '파괴적 혁신(Destructive Innovation)'이다. 공정, 구조, 문화, 브랜드 등 기업 경영의 모든 과정에서 두 가지 혁신을 구분 지을 수 있다.

크리스텐슨 교수는 '존속적 기술' 혹은 '파괴적(혹은 와해성) 기술' 처럼 '혁신'이란 용어 대신 '기술'이란 단어를 사용하는데, 이때 기술은 전통적인 의미의 엔지니어링과 제조기술에 국한된 것이 아니다. 그는 마케팅이나 투자관리 과정 등과 같이 경영의 모든 분야에서 일어날 수 있는 혁신을 기술이란 말로 대신한다. 때문에 존속적 혁신이나 존속적 기술을 같은 말로 간주해도 무리가 없다.

기존에 이미 존재하는 기술을 상당한 수준으로 개량하는 경우는 존속적 기술이란 용어를 사용하고, 기존과 완전히 다른 개념의 신기술이 등장하는 경우는 파괴적 기술이라 할 수 있다.

대부분의 신기술은 제품의 성능을 향상시킨다. 나는 이것을 존속적 기술이라 부른다. 일부 존속적 기술은 불연속적이거나 급진적일 수도 있지만, 대부분은 점진적인 성향을 지닌다. 모든 존속적 기술의 공통점은 주력시장에서 주 고객들이 일반적으로 평가하고 기대하는 수준에 따라 기존 제품의 성능을 향상시켜준다는 것이다. 주어진 산업 내에서 기술진보는 대체로 산업을 적절히 뒷받침해주고 있다. 존속적 기술이 기여한 가장 중요한 점은 근본적으로 고도의 존속적 기술이 선도기업을 실패로 몰아간 적은 거의 없다는 점이다.

하지만 때때로 단기적으로 제품의 성능을 약화시키는 와해성 기술이 출현한다. 아이러니하게도 『성공기업의 딜레마』에서 연구한 각각의 사례에서 선도기업을 실패로 몰아간 것은 바로 와해성 기술이다. 와해성 기술은 이전에 유용하게 여겼던 것과는 매우 다른 가치 네트워크를 시장에 가져온다. 일반적으로 와해성 기술은 주력시장의 기존 제품에서는 제기능을 다하지 못하는 반면, 주변인과 같은 소수의 기존 고객이나 새로운 고객들로부터 높은 가치를 부여받는 또 다른 특징을 지니고 있다. 와해성 기술에 기초를 둔 제품은 전형적으로 더 싸고, 더 단순하고, 더 작고, 사용하기에도 더 편리하다. 개인용 데스크탑 컴퓨터나 할인점을 들 수 있다.

++클레이튼 크리스텐슨(Clayton M. Christensen), 『성공기업의 딜레마』, pp. 30~31

크리스텐슨이 존속적 혁신과 파괴적 혁신의 대표적인 사례로 드는 것은 백화점 대 할인판매점, 메인프레임 컴퓨터 대 개인용 컴퓨터, 장거리용 모터사이클 대 비포장도로용 소형 모터사이클, 진공관 대 트랜지스터, 의료보험 회사 대 건강관리 기관, PC의 하드웨어와 소프트웨어 대

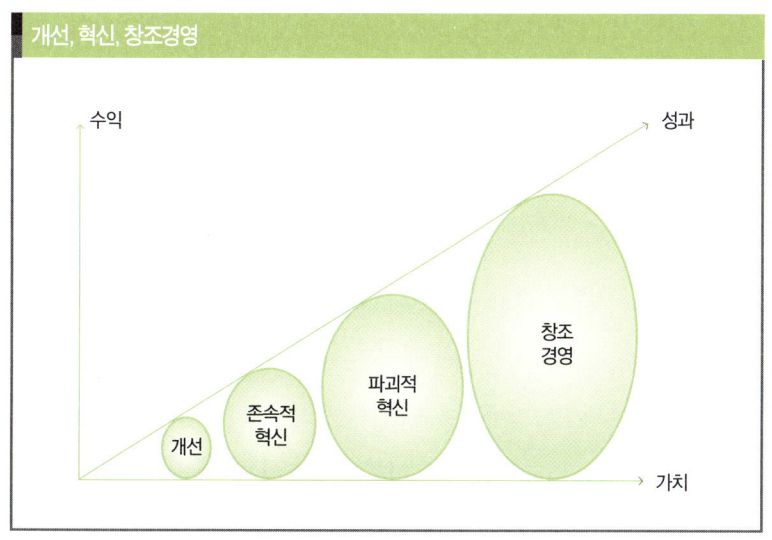

인터넷 설비 등을 들 수 있다. 때문에 존속적 혁신은 오히려 기존의 것을 개선하는 것보다 강도가 세고 폭은 넓겠지만 개선에 가까운 것으로 이해할 수 있다.

실제 사례로 백화점의 모든 공정, 구조, 브랜드 등을 아무리 높은 수준으로 개선한다 하더라도 할인점의 등장에 대적할 수는 없다. 할인점은 근본적으로 다른 기술, 고객, 시장, 브랜드에 기반을 두고 탄생한 것이다. 마찬가지로 IBM의 메인프레임을 아무리 갈고 닦아서 더 높은 성과를 내기 위해 노력한다 하더라도 PC 컴퓨터에 대적할 수는 없는 일이다. 이런 점에서 존속적 혁신과 파괴적 혁신은 다르다고 할 수 있다.

한편 창조경영은 파괴적 혁신과 어떤 관계를 갖고 있는가? 우선 고객들에게 제공되는 가치라는 면에서 창조경영의 결과물은 파괴적 혁신이 낳는 결과물에 비해서 크다. 또한 파급효과 면에서도 창조경영의 결과물은 파괴적 혁신보다 크다. 따라서 하나의 조직이 창조경영에 성공함으로써 거둘 수 있는 수익도 파괴적 혁신보다 훨씬 크다고 할 수 있다.

결과적으로 창조경영을 통해서 해당 기업은 일정 기간 동안 같은 업계에서 다른 경쟁사들보다 확고한 시장 선도기업의 위치를 누릴 수 있다. 혁신에는 '신화' 혹은 '레전드'라는 단어를 사용할 수 없지만 창조경영에는 신화라는 단어를 사용할 수 있다. 그래서 나는 창조경영을 '신화 창조'와 동의어로 받아들이고 싶다. 신화 창조에 필적한 만한 상품, 공정, 기술, 디자인, 마케팅 등을 이룩했다면 이는 창조경영의 성공사례라 불러도 부족함이 없다.

2

왜 창조경영인가

> 한국 경제와 기업의 위기론이 어제오늘의 이야기가 아니지만,
> 위기 극복과 미래 준비를 위해 우리에게 지금 필요한 것이 무엇인지,
> 그리고 어떤 부분에서 위기 극복과 지속적인 성장을 위한
> 실마리를 찾을 수 있을지에 대해서 살펴본다.

01_
2차 함수의 터닝포인트

미국계 투자은행인 리만 브라더스의 로버트 수바라만(Robert Subbaraman) 아시아 선임이 〈이코노미스트〉와 인터뷰한 내용이 소개된 적이 있다. 아시아 경제를 오랫동안 주목해왔던 애널리스트인 그의 지적은 '왜 창조경영이 필요한가?'에 대해 사람들에게 생각할 거리를 제공하고 있다.

"싱가포르처럼 틈새시장을 찾지 못하면 한국은 중국에 치여 정체성을 잃어버릴 수도 있습니다. 전통 제조업이 경쟁력을 잃어가고 있는 요즘 시대에 싱가포르는 의료, 자산운용, 카지노 산업 등을 특화하고 있습니다. 한국도 제조업 이외에 내세울 만한 대안을 찾지 않는다면 살아남기 힘들 것입니다." 과거처럼 '삼성' 하나에만 매달려서는 앞으로 10년을 버틸 수 없다는 뜻이라고 그는 말했다. 그는 '중국과 인도의 제조업 생산성이 어마어마한 속도로 높아지고 있다'고 겁을 줬다.

++신지은, "한국, 틈새시장 못 찾으면 중국에 치인다", 〈조선일보〉, 2007. 2. 2

물론 그의 이야기는 한국이란 국가 전체에 대한 조언이다. 그러나 국가라는 거시적인 대상에서 기업이라는 미시적인 대상으로 관심을 돌리면 한국이란 나라나 한국의 기업이 비슷한 상황에 있다고 보면 된다. 기존처럼 점진적으로 생산성을 향상시키는 정도로는 후발국의 추격을 뿌리칠 수 없다. 과거 한국 기업들의 경쟁력이었던 방식만 계속 고수한다면, 한국 기업들은 경쟁사를 압도할 만한 가치를 만들어내는 데 상당한 어려움을 겪을 것이다.

수바라만의 기사를 읽으니 김준성 이수그룹 명예회장이 얼마 전에 지적한 말이 생각난다. 올해 86세가 되는 김 명예회장은 대구·제일·외환은행장과 산업은행 및 한국은행 총재, 경제부총리를 지낸 경제계 원로이다. "수출 3,000억 달러 시대에 진입했지만, 지난 40년간 수출구조는 거의 변하지 않았어요. 이대로는 어렵습니다"라고 말한 대목이다. 두 사람의 지적은 상황을 크게 반전시키는 노력이 필요하다는 점에서 공통점이 있다.

인생이든 사업이든, 거의 모든 것은 연속적으로 꾸준히 전개된다. 어제보다 오늘 조금 더 나은 것을 만들어가는 것이 인생과 사업세계에서 펼쳐지는 대부분의 일이라 할 수 있다. 놀라울 정도로 상황을 바꾸는 일은 언제나 가능성이 낮다. 그러나 상황을 크게 향상시키기를 원하는 사람이나 조직 혹은 커다란 위기로부터 벗어나려는 사람이나 조직은 연속에서 불연속으로 전환할 수 있어야 한다. 특히 후발 경쟁자들이 연속으로 점점 더 큰 성과를 얻는 경우에는 더욱 그렇다.

단순히 어제보다 혹은 작년보다 조금 더 나은 수준으로 개선하거나 개량하는 정도로는 충분하지 않다. 다시 말하면 상품, 서비스, 공정, 기술, 시장, 브랜드 등 기업 경영의 어느 면에서든 '창조'라고 부를 수 있을 만한 극적인 수준의 성공을 만들어내야 한다.

예를 들어 시간이란 변수를 가로축에 두고 기업의 성과나 가치창출 수준을 세로축에 둔다면, 기업의 성과나 가치창출이 1차 함수로 꾸준하게 증가하는 것이 아니라 일정한 시점, 즉 터닝포인트를 중심으로 2차 함수를 그리듯이 증가하거나 혹은 점프 단계와 맞먹을 정도의 변화가 필요하다는 사실이다.

이러한 일은 지금까지의 고정관념이나 선입견에서 벗어난 발상의 전환과 상상력을 현장에 적용하여 획기적인 수준의 성과 창출로 이어져야만 가능한 일이다. 나는 기업뿐만 아니라 한국 사회의 모든 부분에 이런 고민과 대안을 제시해야 할 시점이라고 생각한다.

02_
한국 기업 위기돌파의 핵심

앞에서도 살펴보았듯이 한국 경제는 지금 새로운 위기를 맞고 있다. 이러한 변화의 시대에 위기를 극복하고 새로운 미래를 설계하기 위해서는 창조경영이 절대적으로 필요하다. 그 이유를 구체적으로 알아보자.

과거는 아무 의미도 없다

누군가 만들어놓은 길을 따라가는 일은 쉽다. 하지만 스스로 길을 만들어내야 한다면, 이는 따라가는 것과는 완전히 다른 차원의 어려운 과제가 된다. 진정한 글로벌 기업으로 부상하기 위해 노력 중인 한국 기업들이 처한 상황이다. 이제까지는 앞서 길을 개척한 선진 기업들을 따라가는 '팔로워(follower)'였다면 지금부터는 스스로 길을 만들어내야 하는 '리더'의 위치로 전환해야 한다.

이미 나 있는 길을 따라갈 때는 개선이나 존속적 혁신을 통해서도 기업의 생존과 번영을 확보할 수 있었다. 하지만 남이 가지 않은 길을 개척해야 한다면, 상상력의 한계를 뛰어넘어 특별한 것을 스스로 창조해내야 한다. 남이 생각해낼 수 없었던 상품과 서비스, 기술과 시장을 만들어내는 일은 기존의 것들을 개선해나가는 것과는 비교할 수 없을 정도로 어려운 일이다. 때로는 이제까지 해오던 방식을 버려야 하는 일이기도 하고, 이제까지 성공적으로 일을 수행하도록 뒷받침해주었던 조직의 문화나 구조를 바꾸어야 하는 일이기도 하다. 오랜 세월 동안 큰 성취를 안겨주었던 기반을 의도적으로 해체해야 하는 경우도 있다. 늘 그렇지만 익숙한 것을 버리는 것은 어렵고 힘이 든다.

특히 이런 변화가 필요한 기업일수록 성공경험이 풍부할 뿐 아니라, 경영성적도 다른 기업들에 비해 좋은 상태이다. 게다가 '우리가 최고다'라는 자신감과 자긍심, 때로는 자만심도 있을 것이다.

이런 상황에서 기업의 구성원들은 과거의 성장이 앞으로도 계속될 것 같은 착각에 빠질 수도 있다. '우리는 최고다. 우리에게 무슨 일이 있겠는가' 하는 식의 막연한 낙관론이 기업을 지배할 수도 있지만, 기업세계에서 '과거란 아무런 의미도 없다'는 사실을 인식해야 한다.

'창조경영'이 최고 기업의 경영자에 의해 먼저 제기된 것도, 과거의 성취에 관계없이 위기란 항상 닥쳐올 수 있다는 믿음 때문일 것이다. 한국에서도 글로벌 기업으로 부상하는 기업들의 딜레마는 이제 따라가는 자가 아니라 스스로 길을 개척하는 자가 되어야 한다는 점을 들 수 있다. 이것이 바로 창조경영이 필요한 첫 번째 이유이다.

보이지 않는 경쟁력, 브랜드

품질 좋고 값싼 상품을 잘 만드는 일은 과거보다 훨씬 쉬워지고 있다. 정보의 유통속도가 빨라지고 인력의 이동이 자유로워지면서 물건을 만드는 일 자체가 과거처럼 까다롭거나 어렵지 않다. 보통 기술을 사용한 상품 생산에서는 경쟁사와 뚜렷한 차별화를 만들어내기가 쉽지 않다. 설령 그런 차별화를 만들어낸다 하더라도 후발 경쟁사들이 쫓아오는 시간은 점점 짧아지고 있다.

근래에 한국 기업들이 인기 제품의 중국산 모조품, 흔히 '짝퉁' 상품들 때문에 곤혹을 치르고 있다. 모조품은 디지털 기기, 자동차, 게임 복제상품 등 그 규모나 영역을 점점 확대해가고 있다. 더구나 이런 추세는 상당 기간 동안 지속될 전망이다.

한국 기업들의 경쟁력은 대부분 싸고 품질 좋은 물건을 만들어내는 능력에서 비롯된다. 아직까지는 원가와 품질 경쟁력이 중요하지만, 앞으로는 이것만으로 충분하지 않다는 데 고민이 있다.

경쟁력의 원천이 제조기술밖에 없는 기업들이 어떤 상황을 맞이하게 될지 유추해볼 수 있는 대표적인 사례가 있다. 최근 몇 년 사이에 휴대폰 업계에서 유망 중소기업들의 몰락이 이어졌다. 세계 시장의 메이저급 휴대폰 업체들이 고가 시장뿐만 아니라 중저가 시장까지 집중적으로 공략하자 브랜드를 갖지 못한 한국의 중견 휴대폰 업계는 시장에서 퇴출되거나 경영난을 겪게 되었다.

제조의 아웃소싱이 거대한 트렌드를 형성해나가는 추세임을 감안한다면, 한국 기업들은 경쟁력의 원천에 반드시 브랜드를 포함시켜야 한다. 그러나 브랜드를 만들어내는 것은 제조기술에서 경쟁력을 확보하는 일보다 훨씬 까다롭고 어려운 일이다. 그것은 사람들의 마음속에 고급 이미지를 확고하게 뿌리 내리는 일이기도 하지만, 이미 소비자의 마음속에 들어 있는 다른 기업의 이미지를 제치고 들어서야 한다는 것을 뜻한다. 때문에 제대로 된 브랜드를 만들어내는 것은 규모도 만만치 않을 뿐 아니라 단기간에 만들어내기도 힘들다.

시간이나 비용, 리스크 면에서 제조기술의 확보와는 비교할 수 없을 정도로 힘든 과제가 바로 브랜드를 만들어내는 일이다. 중장기적으로 한국 기업들의 과제는 브랜드 구축의 성공 여부에 따라 크게 좌우될 수밖에 없다.

보스턴컨설팅그룹의 부회장이자 『트레이딩 업』의 저자이기도 한 마이클 실버스타인(Michael J. Silverstein)은 "럭셔리 기업은 최소 15년 정도의 전통이 필요합니다. 한국 기업가들의 진취적인 비전이 필요한 시점입니다"라는 말로써 브랜드를 만들어내는 일의 어려움을 지적하고 있다.

한국 기업들이 이제까지 눈에 보이는 경쟁력을 만들어왔다면, 이제는 눈에 보이지 않는 경쟁력을 만들어내야 하는 시점이다. 이것이 창조경영이 필요한 두 번째 이유라 할 수 있다.

경쟁력 원천의 획기적인 반전

대다수 한국 기업들의 경쟁력은 지불하는 가격에 비해 얻을 수 있는 가치가 크다는 것이다. 실버스타인 부회장은 고객의 입장에서 한국 기업들의 경쟁력에 대해 "베스트 바이(Best Buy)의 냉장고 코너에 가보세요.

LG 냉장고는 80달러짜리부터 3,500달러짜리까지 있습니다. 3,500달러짜리 LG냉장고는 6,000달러 하는 서브제로(Sub-Zero) 냉장고와 경쟁할 수준의 품질입니다. 일부 기능은 오히려 LG가 더 낫습니다"라고 말한다. 가격에 비해 가치의 수준을 끌어올리는 일은 이제까지 한국 기업들이 잘 해왔고 앞으로도 중요한 경쟁력의 원천이 될 것임에 틀림없다.

가격 대비 가치의 비중을 올릴 수 있는 방법은 여러 가지가 있지만 가장 기본이 되는 것은 두 가지이다. 하나는 원가를 현저히 낮추는 것이고, 다른 하나는 품질을 크게 높이는 것이다.

원가를 현저히 낮추는 데는 어떤 방법이 있을까? 물론 점진적인 개선활동이나 존속적 혁신활동이 반드시 필요할 것이다. 그리고 기존에 누구도 생각하지 못했을 만큼 혁신적으로 생산공정을 개선하거나, 핵심 원천기술을 자사 제품으로 대체하는 일을 통해 가능하다.

실제로 보통 기술을 사용하는 상품의 경우 원가를 둘러싼 경쟁환경이 날로 치열해지고 있는 실정이다. 자동차 산업 분야만 하더라도 중국과 인도 기업에서 초저가 자동차 생산을 위한 실험이 계속되면서 기존 자동차 업계의 우려와 관심을 일으키고 있다.

영국 〈이코노미스트〉지의 그램 맥스턴(Graeme Maxton)은 인도 타타(Tata) 그룹이 2008년 초반 출시를 목표로 하는 10만 루비(2,500달러)짜리 소형 자동차의 출현을 알렸다. 그는 선진국 자동차 기업들이 "지금까지처럼 연간 5% 비용을 절감하는 것이 아니라, 비용 자체를 50%로 줄이는 방법을 연구해야 할 것이다"라고 말하기도 했다. 그만큼 치열한 가격경쟁에서 승리할 수 있는 창조가 이루어져야 한다는 뜻이다.

그렇다면 품질은 어떤가? 품질을 향상시키는 일은 현장 사람들의 헌신과 몰입, 창의가 어우러져야만 가능한 일이다.

이를 가능하게 하는 것은 단순히 생산현장의 문제를 해결하는 데 그치는 것이 아니라, 조직을 구성하는 모든 임직원의 자발적인 헌신과 몰입을 끌어낼 수 있는가에 달려 있다. 이를 위해 조직에 몸담고 있는 사람들은 무엇을 해야 하는가? 조직의 모든 부분을 최적의 상태로 만들어야 하고, 조직 구성원들이 최상의 조건에서 자신의 능력을 최대한 발휘하여 문제해결과 기회창출에 힘을 쏟을 수 있어야 한다는 뜻이다.

창조경영은 이런 상태를 개선하는 데 큰 역할을 맡을 것으로 본다. 창조경영이 필요한 세 번째 요인은 이제까지 한국 기업들에게 경쟁력의 원천이 되어왔던 원가와 품질 면에서도 점진적 개선 수준이 아니라 획기적인 반전이 필요하다는 점을 들 수 있다.

개개인의 자발적인 헌신과 몰입

기계와 사람은 엄연히 다르다. 기계는 효율을 정확하게 측정할 수 있지만, 사람의 효율은 자신이 하기에 따라 얼마든지 달라질 수 있다. 획기적인 원가절감이나 품질향상과 같은 일은 고도의 지적 활동에서 나오기 때문에 문제 해결을 위한 개개인의 자발적인 헌신 없이는 이루어질 수 없는 일이다. 자발적인 헌신이나 몰입이라는 면에서 한국 기업들의 상황은 바꿀 수 있는 여지가 많이 남아 있다.

2006년 LG경제연구원은 한국갤럽에 의뢰해 20~40대 직장인 556명을 대상으로 직장인 행복지수(WHI, Workplace Happiness Index)를 조사한 적이 있다. 행복지수 모델은 직장생활의 비전, 직장상사 및 동료와의 관계, 업무 만족도, 보상과 인정, 일과 삶의 균형이라는 다섯 가지 범주로 구성되었다. 그 결과는 예상한 것처럼 100점 만점에 49.7점으로 낮은 수준에 머물렀다. 이 조사 결과에 대해 보고서를 작성한 조범상 선임 연구원은 이렇게 총평하고 있다.

각종 국가별 행복도 조사에서 우리나라가 82위, 102위 등을 차지하는 것과 비교한다면, 예상을 크게 벗어난 수치는 아니다. 다만 최근에 어려워진 경영 환경 속에서 직장인들이 많이 지쳐 있고, 사기도 그리 높지 않다는 인상이다. 특히 불투명한 미래에 불안감을 갖고 있는 듯하다. 전체적으로 '일과 삶의 균형', '직장생활의 비전'에 대한 만족도가 낮게 나온 것이 이를 잘 설명해준다.

결국 직원들이 행복해야 개개인의 성과, 더 나아가 기업의 성과도 향상될 수 있음을 알 수 있다. …… 실제로 〈포춘〉에서 매년 발표하는 '미국에서 일하기 좋은 100대 기업'과 'S&P 500' 기업의 지난 7년간의 연평균 주가수익률을 비교한 결과, 전자가 후자에 비해 3배 정도 높은 것으로 나타났다. 이 같은 결과는 국내 기업도 마찬가지여서, '대한민국 훌륭한 일터'의 매출 성장률이 'KOSPI 100' 기업에 비해 약 2.5배 높았다.

++조범상, "2006년도 직장인 행복지수", 〈LG주간경제〉, 2006. 12. 27

이런 조사 결과는 필자가 여러 조직을 방문하거나 강의하면서 느낀 인상과 크게 다르지 않다. 문제의 중대성을 고려한다면 이런 조사 결과의 의미를 깊게 새겨보아야 한다고 생각한다. 다음 그림과 같이 두 가지 지표를 참고해보라. 하나는 행복지수가 높은 사람과 낮은 사람 사이에 업무성과가 크게 달라진다는 내용이다.

다른 하나는 스스로 행복하다고 느끼는 직원과 그렇지 않다고 답한 직원이 자기 업무의 성과와 회사나 부서의 목표 달성에 어떤 차이가 있는지 잘 나타내주고 있다. '행복지수 상위 25%'의 목표 달성이 55.8%인 반면 '행복지수 하위 25%'는 16.1%에 머물고 있다.

한국 근로자들은 장시간 일을 하는 것으로 잘 알려져 있다. 스위스계 투자은행인 UBS가 2005년 8월 전 세계 도시 근로자들의 노동시간을 분

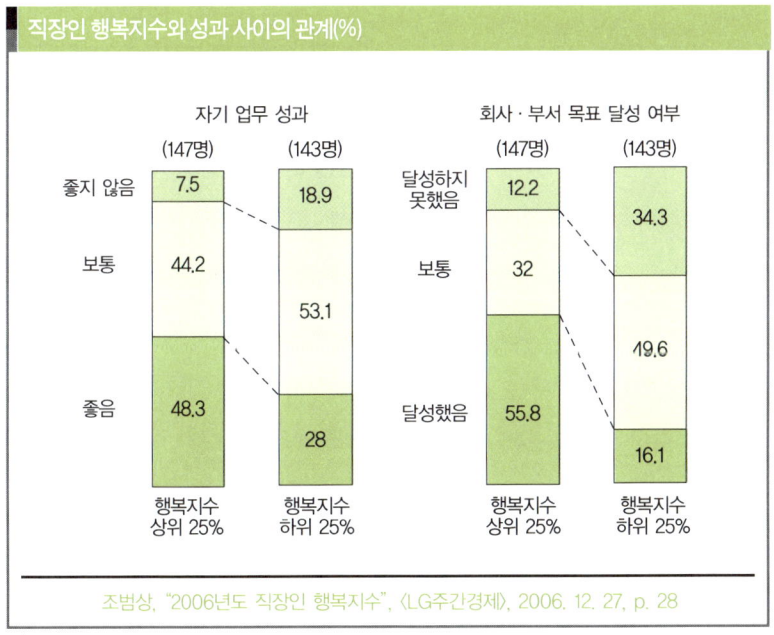

조범상, "2006년도 직장인 행복지수", 〈LG주간경제〉, 2006. 12. 27. p. 28

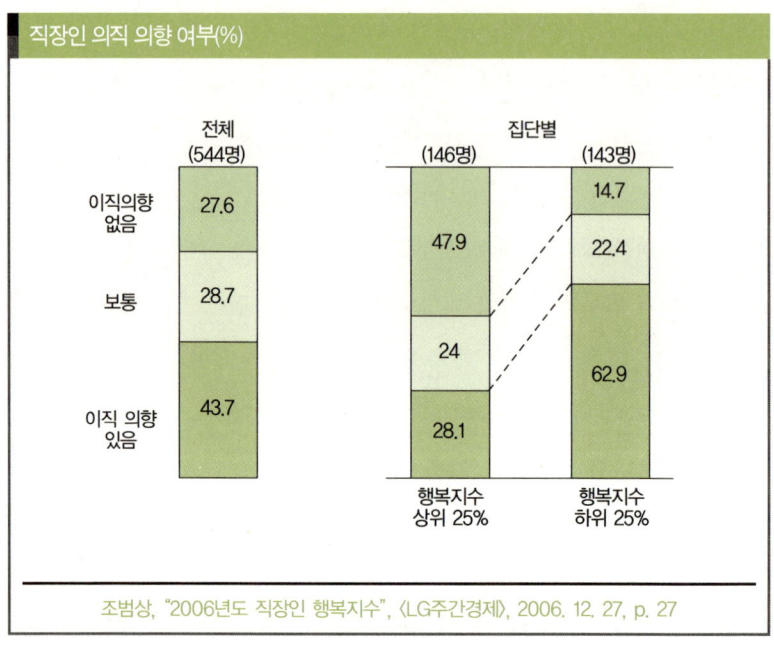

조범상, "2006년도 직장인 행복지수", 《LG주간경제》, 2006. 12. 27, p. 27

석한 결과를 보면 서울의 근로자들이 연간 2,317시간으로 가장 긴 경우에 해당한다. 장시간 일을 하면서도 그에 걸맞는 생산성 향상이 이루어지지 않는다면, 이는 경영의 모든 면에서 쓸모없는 일들이 너무 많거나 시스템이 미비하다는 뜻일 것이다.

행복한 일터를 만드는 일에 창조경영이 기여하는 바가 클 것으로 생각된다. 또한 임직원들의 몰입과 헌신을 좀더 끌어내는 일이 지금 우리에게 필요하다. 한국의 조직은 인재의 숨겨진 힘을 한층 더 효과적으로 활용하기 위해 고민해야 한다. 이 점에서도 창조경영이 기여하는 바가 클 것이다. 이것이 바로 창조경영이 필요한 네 번째 이유이다.

사회적 낭비를 합리적인 시스템으로 해결

모두가 오랜 시간 일하는 것처럼 보이는데 삶의 수준은 크게 나아지지 않는다면, 일하는 방식이나 일과 직간접적으로 관련된 영역에서 큰 변화가 일어나야 한다. 기업이라는 단위조직 차원에서만 창조경영이 필요한 것이 아니라, 사회 전체로 창조경영이 확장되어야 하는 이유가 바로 여기에 있다.

이 책을 한창 집필하는 동안 제주도에서 강의가 있었다. 국내 굴지의 기업에서 오랫동안 일하다가 외국과의 합작회사 CEO로 일하는 K사장과 담소를 나누는 가운데 이런 내용을 주고받았다.

이렇게 다들 열심히 오랜 시간을 일하는데도 불구하고 생산성이 그리 높지 않습니다. 제가 보기엔 이것은 시스템의 미비에 큰 원인이 있는 것 같습니다. 기업뿐만 아니라 사회 전체적으로 시스템을 더 합리적으로 만들어낼 수 있다면 막대한 사회적 낭비를 줄일 수 있을 것입니다. 이런 점에서 단위조직 차원의 노력뿐만 아니라 사회 전체의 노력이 필요합니다.

생산성을 크게 높이는 일이야말로 생활수준을 높일 수 있는 비결이다. 생산성을 높이기 위해서는 우선 낭비를 줄이는 방법을 찾아야 한다. 한국개발연구원은 시위와 집회에 따른 사회적 비용을 계산한 적이 있다. 2005년에 열린 1만 1,036건의 집회가 모두 불법·폭력 집회라고 가정하면 약 12조 3,190억 원의 사회적 비용이 발생한 셈이다. 2006년의 국내 총생산 규모가 806조 원임을 가정하면 1.53%에 달할 정도의 큰 규모에 해당한다. 물론 추계방법에 대해서는 논란이 있을 수 있다. 어쨌든 누군가는 비용을 지불해야 한다는 점을 고려하면 합리적인 시스템의 미비로 인해 상당한 비용이 낭비되고 있는 셈이다. 우리 사회와 각각의 경제 주체가 지불하는 비용은 결국 구성원 각자가 부담해야 한다는 점을 기억해야 할 것이다.

청계천 프로젝트나 서울시청의 앞마당을 개조한 것, 그리고 광화문 일원에 지상 보도를 설치한 것 등은 창조경영으로 사회적 비용을 낮추고 생산성을 올린 좋은 사례에 속한다. 많은 시장들이 서울시를 거쳐갔지만 전에 해오던 방식에서 크게 벗어나지 못했다. 새로운 시각으로 사물을 바라볼 때 공간의 재창조가 가능하다. 죽은 공간을 살릴 수 있다면 대단한 부가가치가 창조된다는 사실을 앞의 몇 가지 사례를 통해서 알 수 있다.

그렇다면 사회 파급효과가 큰 정치나 행정에서 새로운 시각과 새로운 발상으로 접근하여 아이디어를 구현한다면 얼마나 대단한 변화가 일어날지 생각해보게 된다. 창조경영은 이렇듯 사기업의 영역에서 그치는 것이 아니라 공적 영역에서도 광범위하게 일어날 수 있다. 우리 주변에는 사회적 낭비를 줄일 수 있는 여지가 많이 남아 있다.

3

창조경영의 성공사례

" 8가지 영역, 즉 아이콘, 브랜드, 새로운 시장, 원가, 새로운 가치,
새로운 상품 카테고리, 문화 아이콘, 새로운 기술에서 일어난
대표적인 창조경영 사례를 살펴보고 그 의미와 교훈을 찾아본다. "

01_
아이콘 창조 ❶ 아이팟

한국 기업들은 MP3플레이어 시장을 최초로 만들었고 그 시장을 선도해 왔다. 1997년 한국의 엠피맨닷컴이 세계 최초로 개발한 MP3플레이어는 레인콤, 디지탈웨이(현 엠피오), 거원시스템이 가세하여 2002년에는 세계 MP3플레이어 시장의 41%를 한국산 제품이 차지하기도 했다.

하지만 2001년 10월 23일 애플컴퓨터는 애플 역사상 가장 성공적인 제품을 세상에 내놓는다. 애플이 하드디스크형 MP3플레이어인 '아이팟(iPod)'을 출시하면서 MP3플레이어 시장에서 2003년에는 한국산 제품의 시장점유율이 33%로, 2004년에는 20%까지 떨어졌다. 반면에 출시 첫해에 불과 18만 대에 지나지 않았던 아이팟의 판매량은 2002년에는 37만 대, 2003년에는 93만 대, 2004년에는 441만 대, 2005년과 2006년에는 각각 2,249만 대와 3,941만 대까지 팔렸다. 2007년 1분기까지 총 8,870만 대나 팔린 대히트 작품이다.

아이팟이 처음 나왔을 때는 디지털 음악을 듣는 일반적인 기기에 불과했다. 차이가 있다면 한국 기업들이 플래시메모리형 MP3를 주로 내놓은 데 반해 하드디스크형 MP3였기 때문에 저장할 수 있는 음악의 수가 많다는 점뿐이었다. 때문에 아이팟이 처음 시장에 나왔을 때 전문가들조차 그 영향을 대수롭지 않게 생각했다.

하지만 지난 5년 사이에 아이팟은 단순한 하나의 디지털 기기가 아니라 이 시대를 대표하는 문화 아이콘으로 자리 잡는 데 성공한다. 1940년대의 라디오, 1950년대의 주크박스, 1980년대의 워크맨, 그리고 2000년대는 아이팟의 시대라고 보면 된다. 어떤 사람은 아이팟이 문화 아이콘으로 자리 잡은 것을 두고 'I Think, Therefore I Am(나는 생각한다, 그러므로 나는 존재한다)'는 명언을 패러디하여 'iPod, iTunes, Therefore I am(아이팟, 아이튠, 그러므로 나는 존재한다)'라고 말할 정도이다.

처음 아이팟을 내놓을 당시만 하더라도 애플컴퓨터의 스티브 잡스조차 이처럼 선풍적인 반향을 기대하지는 않았을 것이다. 출시 당시 스티브 잡스는 아이팟의 세 가지 특징으로 작다는 것, 얇다는 것, 5GB의 대형 하드디스크 드라이브를 사용함으로써 1,000곡이나 저장할 수 있다는 점을 내세웠다. 고객에게 제공할 수 있는 가치로 초소형, 초박형, 대용량 제품이라는 점을 강조했던 것이다.

하지만 이런 점들은 그다지 특별한 것은 아니었다. 대만 크리에이티브(Creative)사가 아이팟보다 무려 4배나 큰 20GB 하드디스크를 단 노매드 주크박스(Nomad Jukebox)를 출시해 시장에서 이미 팔고 있었기 때문이다. 게다가 가격도 아이팟과 같은 299달러였다.

스티브 잡스의 창조경영은 시장을 내다보는 안목과 탁월한 판단에서부터 출발한다. 그는 "MP3플레이어를 만드는 기업은 많지만 어느 기업도 선두 업체라고 부를 수 없다. 결론적으로 이 분야에서 경쟁력 있는 제품을 만드는 회사가 하나도 없다"고 말하고 새로운 신세계를 개척하기 위해 나선다. 결과적으로 애플컴퓨터는 기존의 주력 상품과는 전혀 관련이 없어 보이는 분야에서 엄청난 성과를 올린 창조경영의 전형적인 사례를 만들어냈다.

스티브 잡스가 읽어낸 것은 고객들이 기능 못지않게 디자인적 요소에 큰 비중을 둔다는 사실이었다. 스티브 잡스는 기존의 기능을 보완하고 고객의 욕망에 호소할 수 있는 '섹시'한 감각으로 승부수를 던졌다. 아이팟 디자인의 핵심은 '단순성'이다.

스티브 잡스는 "수많은 제품의 디자인을 한번 보세요. 매우 복잡하게 생겼습니다"라고 지적한다. 그는 단순함에 호소하는 디자인으로 고객의 주목을 받을 수 있었다. 발매 5주년을 맞아 2005년 10월 15일 〈뉴스위크〉 북미판에 스티브 잡스의 기사가 실렸다. 그는 "다른 기업들은 오로지 하드웨어 장치에 모든 것을 구현하려고만 합니다. 그러다 보면 너무 복잡해지게 마련이지요. 그런 장치는 쓸모없습니다"라는 의견을 내놓고 있다.

물론 아이팟의 뛰어난 외양과 감각적인 디자인의 배후에는 애플 산업 디자인팀의 부사장 조너선 아이브(Jonathan Ive)가 있었다. 조너선 아이브는 애플에 입사하기 전에 10년 정도 전자기기에서 화장실에 이르기까지 다양한 제품을 디자인해본 창의적인 인재이다. 그는 미래형 디자인을 고안한 덕택에 동료와 소비자들의 칭찬과 찬사를 받기도 했지만 '컴퓨터 산업은 창조성 면에서 파산한 것이나 다름없다'는 선언으로 주변 사람들을 불편하게 만들기도 했다.

조너선 아이브가 디자인이야말로 미래의 핵심 경쟁력이라는 것을 일찍부터 간파하고 있었다 해도, 스티브 잡스가 디자인에 대한 열정을 가지고 있지 않았다면 그가 자신의 능력을 최대한 발휘할 수 없었을 것이다. 1996년 어느 인터뷰에서 스티브 잡스는 디자인에 대한 자신의 철학을 이렇게 피력했다.

디자인은 재미있는 단어다. 어떤 이들은 디자인이 순전히 어떻게 보이는가의 문제라고 생각한다. 하지만 좀더 깊이 생각하면 디자인은 어떻게 작동하는가의 문제라는 것을 알 수 있다. 어떤 제품의 디자인을 정말로 잘 하기 위해선 그 제품을 정확히 알아야 한다. 그 제품과 완전히 '통해야' 하는 것이다. 무언가를 철저히 이해하기 위해서는 열정적인 노력이 필요하다. …… 그러나 그만큼 노력하는 사람은 별로 없다.

++제프리 영(Jeffrey Young)·윌리엄 사이먼(William Simon), 「iCon—스티브 잡스」, p. 355

오늘날 아이팟은 열광적인 마니아를 거느린 컬트 브랜드로 자리를 잡았고, 아이팟에 매료된 소비자들의 이야기는 구전되면서 하나의 문화현상이 되고 있다.

이미 선발주자들이 기술적인 우위를 갖고 시장을 선점하고 있었음에도 불구하고 한국 기업들이 애플컴퓨터의 진입을 허용한 점은 **뼈아픈** 실책이다. 그것도 MP3와는 전혀 인연이 없는 컴퓨터 전문 제조회사에 시장을 내주고 말았다는 사실은 창조경영이 기존의 것이 아니라 완전히 새로운 것을 창조할 수 있음을 가르쳐주고 있다.

사실 애플컴퓨터는 아이팟이란 상품을 통해서 회사 자체가 바뀌었다. 다른 회사가 되어버린 셈이다. 회사 매출 가운데 아이팟이 차지하는 비중(2007년 1분기 수익 기준)이 무려 48%나 된다. 과거의 주력 상품이던 애플컴퓨터 데스크탑의 비중이 13%, PC가 20%를 차지하게 되었다.

거리 곳곳에서 아이팟용 흰색 헤드셋을 끼고 있는 젊은이들을 볼 수 있다. 조깅하는 사람들, 인라인을 타는 사람들, 출근길 차 안에서도, 독실한 유대인들조차 간편하게 휴대할 수 있는 아이팟을 사용하고 있다. 이 같은 현상은 미국에만 그치지 않고 영국에서도 목격할 수 있다. 거리나 지하철에서 아이팟을 만지작거리는 사람들을 흔히 볼 수 있게 되었다.

미시간 대학의 한 교수는 "캠퍼스를 거닐다 보면 세 명 중 둘은 아이팟 헤드셋을 끼고 있는 걸 볼 수 있다"고 말한다. 물론 교수 자신도 그런 부류에 속함은 물론이다. "학생들은 아이팟을 들고 있는 내 모습을 보면서 조용히 미소 짓는다. 이는 일종의 유대감이다."

게다가 아이팟이 입소문을 타자 주요 언론들이 지속적으로 아이팟을 다루고 있다. 사람들은 아이팟으로 단순히 음악을 듣는 것에서 벗어나 피드캐스팅이라는 기능을 이용해 방송국의 뉴스를 저장해서 듣기 시작했다. 한마디로 하나의 문화현상으로 자리 잡게 된 것이다. 이제는 아이팟이 어떤 영역으로 브랜드를 확장시켜나갈지 두고 볼 일이다.

아이팟은 스티브 잡스가 애플의 임직원들에게 늘 강조하는 구호, '단순한 제품을 넘어 시대를 상징하는 아이콘(우상)을 만들자'는 비전에서부터 나온 작품이다.

02_
아이콘 창조 ❷ 워크맨

미국의 컴퓨터 잡지 〈PC 월드〉에서 지난 50년간 세계인을 사로잡은 '50가지의 위대한 잡동사니'를 선정해 발표한 적이 있다. (Dan Tynan, "The 50 Greatest Gadgets of the Past 50 Years", 〈PC World〉, 2005. 12. 24) 인간에게 즐거움과 놀라움, 편리함이란 가치를 안겨다준 전자제품을 말한다. 1위는 소니의 워크맨(1979), 2위 애플의 아이팟(2001), 3위 리플레이TV의 RTV2001과 티보HDR110(1999), 4위 팜컴퓨팅사의 개인정보단말기(PDA, 1996), 5위 소니의 CD플레이어(1982), 6위 모토롤라의 스타택(1996), 7위 아타리의 비디오 컴퓨터 시스템(1977), 8위 폴라로이드 랜드 카메라(1972), 9위 맨시스템의 디스크온키(2000), 10위 레전시의 트랜지스터 라디오(1954) 등의 순서로 이어진다.

1954년의 레전시 라디오를 시작으로 2004년의 모토롤라 레이저폰까지 50개 목록 가운데 한국 기업이 만들어낸 상품은 하나도 없다. 물론 미국 중심의 판단이라고 할 수도 있지만, 삼성이나 LG전자가 선전했음에도 불구하고 '아이콘'이라고 이름 붙일 수 있을 정도의 창조에는 성공하지 못했다는 것을 알 수 있다. 그동안 우리의 경쟁력은 주로 개선과 점진적 혁신으로부터 비롯되었음을 확인할 수 있는 자료이기도 하다.

1979년에 선보인 휴대용 테이프 레코더인 소니의 워크맨은 '개인을 위한 휴대용 전자제품'의 가능성을 활짝 열어젖힌 상품일 뿐만 아니라, 소니라는 브랜드를 세계인에게 각인시키는 데 성공한 상품이기도 하다. 때문에 〈PC 월드〉는 "워크맨이 휴대용 미디어플레이어의 왕이었다면 아이팟은 그 뒤를 이을 MP3의 황태자이다"라고 평하기도 한다.

1970년대와 1980년대 초반에 대학생활을 한 필자 역시 워크맨의 헤드셋을 끼고 대학 캠퍼스를 다니면서 주변 사람들의 눈총을 받기도 했다. 물론 당시에는 음악을 듣기보다는 주로 영어 공부를 하기 위해서 사용했지만, 헤드셋을 끼고 다니는 것 자체가 다른 사람들과의 고립을 자초하는 '반사회적'인 행동으로 여겨졌기 때문에 눈총을 받은 것이다.

아이콘에 해당하는 상품을 만들어내려면 우선 기존의 관념에서 벗어나야 한다. 워크맨이 탄생하기 전에는 집에 있는 스테레오 시스템이나 차 안에 있는 카 스테레오를 통해서만 음악을 들을 수 있었다. 이동하면서 개인적으로 음악을 들을 수 있다는 생각은 당시로서는 파격적인 발상의 전환이었다.

소니의 창업자 마사루 이부카가 먼저 휴대하고 다니면서 간편하게 음악을 들을 수 있는 상품의 필요성을 간파했다. 그는 해외여행을 하다가 녹음기능과 스피커 기능을 제거하면 무게를 줄이고 소형화가 가능하다는 것을 깨닫고, 이를 일선 작업자들에게 요구한다. 마사루는 녹음기능도 없고 큰 헤드폰이 붙어 있는 테이프 레코더를 모리타 아키오 회장에게 전달하면서 "이거 한번 들어보게. 걸어다니며 들을 수 있는 스테레오 카세트 플레이어가 있으면 좋겠는데"라는 말을 전한다.

모리타 회장은 이런 제안을 받자마자 큰 시장을 만들어내는 상품이 될 수 있음을 직관적으로 느꼈다고 한다. 1979년 2월 모리타 회장은 본사 회의실에 전기, 기계, 설계 엔지니어와 기획 담당자, 홍보 담당자, 디자인 담당자 등 각 분야에서 차출된 젊은 사원들을 모아놓고 개조된 프레스맨이란 상품을 보여주며 이런 주문을 한다.

이 제품은 하루 종일 음악을 즐기고 싶어하는 젊은이들의 욕구를 충족시켜주는 것이다. 집 밖으로 음악을 들고 나가는 것이다. 녹음기능은 필요없고 헤드폰이 부착된 재생 전용기로 상품화하면 틀림없이 팔릴 것이다.

| | 소니홍보센터, 『소니 자서전』, pp. 299~300

워크맨에서 특히 주목해야 할 발상의 전환은 바로 헤드셋이다. 누구도 헤드셋이 소형화되어야 하고 또한 될 수 있다고 생각하지 않았다. 기존의 헤드셋은 무게가 300~400그램 정도였다. 이 무게를 50그램 이하로 줄인 것도 워크맨의 대히트에 큰 역할을 하였다. 소니의 성장사에서 보면 창업자 마사루 이부카는 기술의 싹을 발견해서 키우는 데, 모리타 아키오 회장은 상품화시키는 데 장점을 가졌다. 모리타 회장이 이런 이야기를 마사루에게 한 적이 있다.

이것은 굉장한 물건이 될 것이다. 젊은이들은 언제 어디서나 좋은 음악을 듣고 싶어한다. 이제 음악은 오디오 앞이 아니더라도 어디서나 들을 수 있다. 그런데 본체보다 헤드셋이 크다면 어정쩡하다. 좋은 방법이 없을까?

이렇게 해서 오늘날과 같은 초소형 헤드셋이 등장하게 되었다. 그런데 여기서 주목해야 할 점은 젊은이들이 언제 어디서나 음악을 듣고 싶어하는 욕구가 있다는 점을 먼저 착안한 사람은 당시에 70세가 넘는 마사루였고, 이 아이디어를 듣고 대히트를 예감한 사람은 60세가 된 모리타였다는 점이다.

새로운 상품이 그렇듯이 녹음기능을 갖지 못한 워크맨도 초기에는 고전을 면하지 못했다. 하지만 곧 놀라운 속도로 젊은이들 사이에 파고들어 음악을 즐기는 하나의 스타일로 자리 잡게 된다. 초기 구입자는 주로 20대 중반을 중심으로 하는 오디오 팬이었다. 일본 판매 6개월 후부터 해외 시장을 공략하기 시작했다. 모리타는 해외 판매를 준비하던 무렵 유럽에서 사업차 만난 사람으로부터 "아들이 소니의 모리타 씨를 만난다니까 '워크맨을 사고 싶다. 구할 수 있는 방법을 물어보라'고 말했습니다. 그런데 워크맨이 무엇인가요?"라는 이야기를 전해 듣는다. 이처럼 젊은이들 사이에 선풍적인 인기를 끌면서 워크맨은 개인 휴대용 전자기기의 원조로 자리 잡는 데 성공했다.

아무튼 기업가들의 창조적 발상으로 시작된 워크맨은 시간이 흐르면서 음악을 듣는 방식뿐 아니라 젊은이들의 라이프스타일에도 큰 영향을 미쳤다. 소니는 워크맨 출시 20주년을 맞아 워크맨의 의미를 이렇게 설명하고 있다.

소니의 워크맨이 출시된 이래 세상 사람들의 음악을 듣는 방식이 크게 변화되었다. 워크맨은 음악을 듣고 즐기는 것을 개인적인 경험으로 만들었다. 그리고 사람들에게 장소에 구애받지 않고 음악을 즐길 수 있는 자유를 허용해 주었다.

출시 3년 만에 300만 대를 돌파한 워크맨은 1984년 7월에는 1,000만 대, 1986년에는 2,000만 대를 돌파했을 뿐만 아니라 옥스포드 영어 사전에 '워크맨(Walkman)'이란 단어가 소개되기까지 한다. 1987년 3,000만 대, 1988년 4,000만 대, 1989년 5,000만 대, 드디어 1993년 1월에 1억만 대를 돌파하는 쾌거를 이룬다. 1996년에는 1억 5,000만 대, 20주년이 되는 1999년 3월 회계 말에는 1억 8,600만 대의 세일즈 볼륨을 자랑한다.

++소니, "Sony Celebrates Walkman 20th Anniversary", July 1, 1999

하지만 소니 역시 2000년대 초 디지털 음악이라는 거대한 변화의 물결에는 편승하지 못했다. 자신들이 개척한 휴대용 뮤직 플레이어 시장에서 소형 업체로 전락하고 말았다. 1980년대와 90년대에는 '소니=뮤직 플레이어'라는 등식을 만들어냈지만 MP3로의 시장이동에 적절히 대응하지 못했다. 최근에는 비디오와 CD 재생 기능이 있는 MP3플레이어 워크맨으로 회복을 시도하고 있지만 만만치 않은 상황이다. 창조란 머무름이 아니라 끊임없는 도전과 파괴와 경쟁이 있어야 함을 말해주는 사례라 할 수 있다.

03_
브랜드 창조 렉서스

누구도 도요타 자동차가 메르세데스-벤츠, BMW, 아우디, 볼보, 사브, 벤틀리, 롤스로이스 등이 오랜 시간 동안 지켜온 고급차 시장에서 성공할 수 있을 것으로 예상하지 않았다. 사람들은 도요타를 1980년대 미국에서 선풍적인 인기를 끌었던 캠리와 코롤라처럼 중형 자동차를 저렴한 가격에 뛰어난 품질로 만들어내는 자동차 회사로 생각했을 뿐이다.

1989년 1월, 도요타 자동차가 별도의 브랜드 렉서스 LS400을 미국 시장에 출시하기 전의 상황으로 되돌아가 보자. 1983년 도요타에서는 에이지 회장의 염원에 따라 세계 최고의 자동차를 만들겠다는 결단을 내리고 F1이라 불리는 비밀 프로젝트를 시작한다. 이 프로젝트의 목표는 세계 최고의 자동차를 벤치마킹해서 세계 최고의 품질, 최고의 변속기, 최고의 서스펜션(노면 충격을 흡수하는 장치), 최고의 오디오 시스템, 최고의 정숙도를 자랑하는 자동차를 세상에 내놓겠다는 것이었다.

1986년 미국에서는 1,500만 대의 자동차가 판매되고 있었다. 고급 브랜드 자동차 시장은 92만 5,000대 정도였으며, 이 가운데 캐딜락과 링컨이 55%를 차지하고 있었다. 두 브랜드의 자동차는 모두 대당 가격이 3만 달러를 넘지 않는 수준이었다. 그밖에 벤츠가 9만 3,000대, BMW가 9만 2,000대를 판매하고, 나머지 시장은 재규어, 아우디, 볼보, 사브 등이 조금씩 나누어 갖고 있었다. 벤츠와 BMW가 판매한 8만 5,000대 정도가 4도어 세단으로 3만 달러 이상 받는 수준이었다.

이처럼 어려운 시장에서 중형차 회사의 이미지를 채 벗어버리지도 못한 도요타 자동차가 고급차 시장을 노크하는 것 자체가 무모한 시도일 수 있었다. 왜냐하면 출시 당시 미국 시장에서 렉서스 LS400의 가격은 2만 8,000달러나 되는 고가 상품이었기 때문이다.

고급 자동차 시장에 진출하기 전만 하더라도 도요타 자동차 역시 대부분의 후발 자동차 업체와 마찬가지로 저렴한 가격과 뛰어난 품질로 대중을 위한 자동차를 만들어내는 전략을 고수해왔다. 그러나 도요타의 에이지 회장은 1980년대에 접어들면서 '중형차 시장에만 머물러 있을 수는 없다'는 결론을 내렸다. 도요타 자동차의 양적인 성장에도 불구하고 영업이익이 겨우 2% 수준에 머물렀기 때문이다. 렉서스의 성공이 가시화되면서 영업이익은 8%로 뛰어오르지만 그 이전까지는 노력에 비해 성과가 그다지 크지 않았다.

당시 에이지 회장은 이미 한국의 현대자동차와 같은 후발 자동차 회사들이 자신들의 주력 시장인 중형차 시장을 장기적으로 크게 위협할 가능성도 염두에 두고 있었다. 사업세계에서 오랫동안 일해온 사람이라면 누구나 가치사슬에서 쉼 없이 위로 올라가지 않는 한 뒤에서 쫓아오는 경쟁자에게 덜미를 잡힐 수밖에 없다는 사실을 잘 알고 있었을 것이다.

렉서스를 만들기 위한 F1 프로젝트가 공식적으로 시작된 첫 회의는 1983년 8월에 열렸다. 본사에서 비밀리에 열린 간부회의에서 에이지 회장은 도요타 자동차 합동참모본부를 구성하는 고위 간부, 차 디자이너, 엔지니어, 전략 참모들에게 "세계 최고에 대적하는 고급차를 만들 능력이 우리에게 있습니까?"라고 묻는다. 그 자리에 참석했던 구성원들은 모두 한 목소리로 "예!"라고 자신 있게 말한다. 이런 대답에 화답이라도 하듯 그는 "도요타 자동차가 반드시 맞닥뜨려야 할 도전과제입니다"라고 확신에 찬 목소리로 강조하고 F1 프로젝트를 본격적으로 추진했다.

물론 모두가 찬성한 것은 아니었다. 훗날 도요타 자동차의 지휘봉을 물려받은 아들 쇼이치로 도요타는 도요타 자동차가 우위를 차지하는 중형차 시장으로부터 자원을 빼내어 불확실한 고급차 시장에 투입하는 것을 우려하기도 하였다.

이후 6년간 약 5억 달러라는 거금을 투입한 끝에 미국 시장에 처음으로 선보인 렉서스는 미국 시장에 출시된 가장 조용한 자동차이자 결함이 가장 적은 차로 평가받았다. 또한 자동차 품질의 대명사인 J. D. 파워의 여러 상을 휩쓸었을 뿐만 아니라 미국 내에서 제1의 고급차 브랜드 이미지를 확고히 다지게 된다.

1989년 미국 시장 데뷔 이래 렉서스는 소비자 신뢰와 품질이란 면에서 거의 최고 수준의 차로 자리매김해왔다. 주로 소비자들의 평가를 발표하는 권위 있는 J. D. 파워는 렉서스가 미국에서 구입한 지 첫 3년 동안 가장 믿음직한 브랜드(the most reliable brand in U.S.A.)라고 평가하고 있다. 미국의 컨슈머 리포트(Consumer Reports)도 비슷한 평가를 내리고 있다. 한마디로 도요타는 고급차 시장에서 하나의 '신화'를 창조한 셈이다.

도요타는 과거의 방식으로는 고급차 시장에 진출할 수 없다고 판단했다. 설령 그들이 기술적으로 완벽한 자동차를 개발한다 하더라도 고객들의 인식을 바꾸지 못하면 성공할 수 없다는 사실을 잘 알고 있었다. 중형차를 잘 만드는 회사라는 기존의 인식에 젖어 있는 고객들에게 수만 달러를 지불하고 고급차를 사라고 권한들 선뜻 구매에 응할 사람이 없다는 점도 그들이 안고 있는 큰 약점이었다. 〈포춘〉지는 고급차 출시를 단행한 도요타 자동차를 두고 "전 세계 중산층을 겨냥한 자동차를 생산해온 도요타에서 렉서스를 출시한다는 것은, 맥도날드가 비프 웰링턴(고급 쇠고기 요리)을 내놓는 것이나 마찬가지다"라고 혹평을 하기도 했다.

하지만 도요타 자동차의 수뇌부는 사업이란 결국 '타이밍'이란 점을 정확하게 인식하고 있었다. 위험이 따르긴 하지만 더 이상 고급차 시장을 늦추어선 안 된다는 점을 잘 알고 있었다. 이유는 인구 구성비의 변화에 있었다. 도요타의 중형차를 신뢰하는 거대한 베이비 붐 세대가 나이를 먹어가면서 구매력을 갖게 되고, 이들이 다른 브랜드로 이탈하는 것을 막을 수 있다면 대단한 사업기회가 창출될 것이라고 예상했다.

그들의 예상은 보기 좋게 맞아떨어졌다. 1989년 111만 대에 지나지 않던 고급차 시장은 2003년이 되면서 190만 대로 예상하지 못한 수준까지 상승하게 된다. 1990년대 미국 시장 전체에서 고급차가 차지하는 비중은 8%였지만, 2000년대 중반에 들어서면서 11%로 증가한다. 이러한 시장 확대를 예견한 렉서스는 가장 큰 수혜를 받게 된다. 렉서스의 고급차 시장 점유율은 1989년에 1.5%였지만 2003년에는 14%로 늘어난다.

도요타의 쇼이치로 회장은 1989년 미국 방문길에 "우리가 고급차 개발에 거액을 투자한 이유는 렉서스에서 보시는 바와 같이 고급차 시장의 수요가 높기 때문입니다"라는 말로 자신들의 판단이 옳았음을 강조한 바 있다.

여기에다 기존의 고급 자동차 생산업체들이 자신들이 가진 고급 브랜드와 기술력에 익숙한 나머지 고객들에게 지나치게 높은 가격을 제시한다는 점도 도요타 수뇌부는 놓치지 않았다. 기술이나 내외장 스타일링 등이 뛰어나더라도 코롤라와 캠리 같은 괜찮은 중형차보다 몇 만 달러를 더 지불할 수 있는 고객은 드물 것이다.

이런 점을 볼 때 마케팅 측면에서도 렉서스의 성공은 큰 시사점을 갖는다. 그들은 중형차 시장에 적용해왔던 전략, 그러니까 가격 대비 가치를 가장 높게 잡는 방법을 렉서스 마케팅에도 적용하여 큰 성공을 거두었다. 렉서스는 경쟁력을 유지하기 위해 동급의 고급 자동차에서 제공하는 최신 기술을 모두 제공하면서도 원가를 크게 절감해서 가격을 대폭 낮추었다. 초기 시장에 진출할 때 LS 모델의 기본 가격은 3만 5,000달러로, BMW의 535i나 메르세데스-벤츠의 300E와 비교해서 1만 달러 정도 저렴한 가격으로 승부를 걸었다. 지금은 가격 차가 많이 좁아져서 LS 모델의 기본가가 5만 5,000달러에서 시작한다. 이는 벤츠 E클래스 모델과 비슷한 가격이다.

도요타 자동차는 성능 면에서 따져보면, 기본가 7만 2,500달러에서 시작하는 벤츠의 S430이나 BMW의 745i와 동등한 수준의 차라고 할 수 있다. 1989년 46만 5,844대까지 팔리던 렉서스는 2001년에 28만 9,422대, 2003년에는 25만 9,755대로 다소 소강상태였지만, 2005년에는 30만 2,895대를 기록한다. 이는 2004년의 28만 7,927대보다 5.5% 늘어난 수치이다. 2006년에는 47만 대, 2007년에는 50만 대를 목표로 하고 있다.

고급차 시장에서 단일 브랜드로 30만 대를 돌파하는 것은 경이로운 일이다. 미국 시장에서도 단일 브랜드가 30만 대를 돌파한 것은 1980년대 캐딜락만이 세 번 정도 얻었던 기록이다. 벤츠나 BMW와 같은 고급 자동차 회사들이 오랫동안 미국에서 활동해왔지만 한 번도 기록하지 못한 판매량이다. 이런 점에서 렉서스의 성공은 앞에서 이미 언급한 바와 같이 신화 창조라 불러도 손색이 없을 것이다.

렉서스 LS400은 공기역학, 소음, 안락함, 연비, 최고 속도에서 벤츠 420SEL을 능가하며 전 세계 자동차 업계를 놀라게 했다. 무엇보다 LS400은 거의 3만 달러나 더 저렴했다. 창립 50년 만에 도요타 자동차는 진정한 '세계적인 차'를 처음으로 만들었다.

++체스터 도슨(Chester C. Dawson Ⅲ), 『렉서스』, p. 77

그들은 어떻게 성공을 거둘 수 있었을까? 미국 소비자들은 편안한 승차감과 쉬운 핸들링에 큰 비중을 둔다. 특히 나이 든 세대나 여성일수록 그런 가치를 중요하게 생각한다. 승차감이나 속도감 면에서는 아무래도 벤츠나 BMW를 렉서스가 당해낼 수 없다. 그러나 렉서스가 지향하는 시장의 초점은 분명히 독일 차와 달랐다.

체스터 도슨은 『렉서스 세계를 삼킨 거대한 신화』라는 책에서 렉서스가 미국 시장에서 성공적으로 자리 잡을 수 있었던 요인에 대해 이런 이야기를 들려준다.

일본 차 렉서스가 그들의 열렬한 지지 고객들에게 어필할 수 있었던 이유는 미국 고급차 브랜드들(캐딜락, 링컨 등)이 전통적으로 자랑해온 편안한 승차감과 쉬운 핸들링이라는 특성을 지녔기 때문이다. 승차감과 쉬운 핸들링은 독일 고급차 브랜드들이 보통 신경 쓰지 않는 부분이다. 아우토반을 사랑하는 독일인들은 운전이란 핸들에 두 손을 올려놓은 채 즐기는 오락이자 스트레스를 풀기 위한 수단 또는 위신을 내세우는 행위라고 생각한다. 독일 차는 서스펜션이 더 뻣뻣하고, 핸들링이 타이트하며, 여러 종류의 엔진을 선택할 수 있는데, 이러한 특징은 고성능 경주용 자동차에서 볼 수 있는 것이다.

반면 대다수 미국인들은 운전을 최대한 편안하게, 되도록 뜨거운 커피 한잔이나 테이크아웃한 크리스피 크림 도넛을 한 손에 든 채로, A장소에서 B장소로 이동하기 위한 수단이라고 생각한다.

++체스터 도슨, 『렉서스』, pp. 56~57

렉서스는 도요타 자동차가 단순히 물건을 잘 만드는 회사에서 고급 브랜드를 갖춘 기업으로 탈바꿈하는 데 결정적인 기여를 했다. 이런 점에서 자체 브랜드를 구축하기 위해 심혈을 기울이고 있는 다양한 업종의 후발 기업들에게 렉서스의 신화는 많은 교훈을 준다. 이는 브랜드 창조라는 면에서 창조경영의 전형적인 사례임은 물론이다.

04_
새로운 시장 창조 이베이

'1초당 평균 거래액 1,300만 달러(약 122억 원).' 세계 최초이자 최대 온라인 경매회사인 미국 '이베이(ebay)'의 현주소이다. 이 거대한 전자 장터를 창업한 사람은 컴퓨터 프로그래머인 피에르 오미디아르(Pierre Omidyar)이다.

사람들이 온라인 경매를 머릿속에 떠올릴 때면 자연히 이베이를 생각한다. 대부분의 경매처럼 이베이는 상품이나 서비스를 사고파는 활동에 직접 개입하지 않는다. 그들은 거래가 이루어질 수 있는 공간과 규칙을 제공하고 일정한 수수료를 받는다.

온라인 경매의 매력은 시간과 공간의 제약이 전혀 없으며, 수많은 판매자와 구입자가 참가할 수 있다는 점이다. 또한 중간상이 개입하지 않기 때문에 거래로 인해 발생하는 소비자 잉여의 큰 몫이 직접 거래와 마찬가지로 판매자와 소비자에게 전달된다는 점이다. 여기에 경매가 주는 재미라는 요소도 무시할 수 없다.

인터넷의 활성화가 가져온 새로운 가상공간에서 기회의 선점에 성공한 기업이 이베이다. 전례가 없는 사업기회를 만들어냈다는 점에서 이베이는 새로운 기술을 이용하여 시장을 창조한 대표적인 사례로 꼽힌다.

1967년생인 피에르 오미디아르는 우연한 기회에 멋진 사업을 착안해냈다. 그의 약혼자인 파멜라 위슬리는 각종 만화의 인기 캐릭터가 인쇄된 용기의 뚜껑을 누르면 캔디가 한 알씩 나오는 페즈 디스펜서라는 사탕 보관함 수집이 취미였다.

한번은 약혼자가 지나가는 말로, 갖고 싶은 시리즈가 있어도 어디에서 구해야 할지 정말 막막하다는 불평을 했다. 페즈 디스펜서를 수집하는 사람들이 미국 전역에 흩어져 있기 때문에 샌프란시스코에서는 구하기가 무척 어렵다는 말이었다. 그냥 흘려들을 수 있는 불평이었지만 오미디아르는 이 말을 기회를 알려주는 '속삭임'으로 받아들인다.

그는 거창하게 고객의 불편을 해소하기 위해서라기보다는 우선 약혼자의 애로사항을 해결해주기 위해 1995년 9월 연휴 동안 자신의 홈페이지 일부 공간에서 파는 사람과 사는 사람이 만나 서로 정보를 주고받을 수 있는 온라인 경매 서비스를 시작한다. 그는 특정 회사가 물건을 사고파는 일에 일일이 관여하지 않고, 자신이 제시한 규칙에 따라 네티즌들이 모여 사고파는 일을 주도할 수 있도록 만드는 데 주력했다.

그의 독창성과 창조성은 바로 이 점에 있다. 중앙 집중적인 관리체계가 아니라 사고파는 사람들이 주도하는 체계 말이다. 이런 점에서 온라인 경매 서비스는 지금으로부터 10여 년 전에 오늘날 화두가 되고 있는 UCC 시대(네티즌이 타인의 콘텐츠를 소비하는 데 그치지 않고 자신이 직접 콘텐츠를 올려 생산에 능동적으로 참여하는 시대)를 구현한 앞선 비즈니스 모델이라고 할 수 있다.

물론 그의 인터넷 경매 모델이 완전히 독창적인 것은 아니다. 이미 컴퓨터 공학자인 제리 카플란(Jerry Kaplan) 박사가 1994년에 초기 온라인 경매기업인 온세일(Onsale)을 창업한 바 있기 때문이다. 하지만 온세일은 훗날 에그헤드(Egghead)와 합병된 이후 여러 개로 분할되어 경매 처분되었지만, 이베이는 독보적인 경매회사로 성장하는 데 성공한다.

제너럴 매직이라는 본업을 두고 취미로 시작한 피에르 오미디아르의 사업은 6개월이 지나면서 판매자에게 부과된 수수료에서 약간의 수익이 나오기 시작했다. 2002년 5월, 그의 모교인 터프츠 대학의 졸업식장에서 한 연설은 이베이의 성공 키포인트가 무엇이었는지 말해주고 있다.

사람들은 내가 이베이의 시스템을 구축할 때 하루에 4,000만 명의 사용자들에게 서비스할 수 있는 방법을 틀림없이 알았을 것이라고 말합니다. 하지만 나는 이베이를 1995년 취미로 만들었습니다. 출근해야 했기 때문에 불평을 접수하고 피드백을 수용할 수 있는 시스템이 필요했습니다. 즉 중앙의 큰 개입 없이 이용자의 필요에 대응하는 자주적인 시스템이 필요했습니다. 나는 여러분에게 '미래를 위해 인생을 유연하게 디자인하라. 인생의 과거는 나중에 돌이켜보면 리니어적(선형적)이지만 미래마저 하나의 해법에 묶여서는 안 된다'는 점을 강조하고 싶습니다.

만일 내가 투자자로부터 백지수표를 받았다거나 대단한 거물 스태프들과 함께 했다면 상황은 더 나빴을 것입니다. 즉 투자를 정당화하기 위해 중앙 집권적인 매우 복잡하고 정교한 것들을 조합시켰을 것입니다. 하지만 나는 부족한 예산과 시간을 가지고 운영해야 했기 때문에 스스로 굴러갈 수 있는 단순한 시스템을 구축해야 했습니다. 유기체처럼 스스로 성장이 가능하도록 만들어야 했습니다. 소련의 5개년 계획이 작동하지 않은 것처럼 중앙통제는 멸망으로 이끌 것이며, 이는 우리에게도 다를 바 없습니다.

이베이의 수익은 회사가 거래의 처음부터 끝까지 모든 활동을 주관하는 아마존닷컴과 달리 판매할 상품을 올리는 데 따르는 수수료, 물건이 팔릴 때 받는 수수료, 그밖에 약간의 선택적인 수수료 등에 바탕을 두고 있다. 2006년을 기준으로 보면 미국에서 이루어지는 이베이의 평균적인 거래는 판매를 목적으로 물건을 이베이에 올릴 때 드는 수수료가 0.2달러부터 80달러 정도이다. 반면에 입찰 수수료는 최종 거래가격의 2~8% 정도를 받고 있다.

한편 이베이의 성장에 크게 기여한 또 한 명의 인물로 멕 휘트먼(Meg Whitman)을 들 수 있다. 1998년 CEO로 영입된 후 회사의 매출을 100배 이상이나 키운 그는 이베이의 풍부한 현금과 유동자산을 이용해 활발한 매수·합병전략을 추진했다. 이베이는 1998년 오하이오 주의 신시내티에 있는 오하이오 온라인 경매 사이트 Up4Sale.com을 인수하는 것을 시작으로 2002년에는 온라인 결제회사인 페이팔(PayPal), 2005년에는 인터넷 무료 전화 서비스를 제공하는 스카이프(Skype)를 인수하였다.

해외 진출에도 활발하여 2001년부터 한국의 옥션 주식을 공개 매수하기 시작한 이베이는 2004년 코스닥 시가총액이 1조 원을 넘어선 옥션을 완전 인수하여 코스닥 등록을 폐지시키기도 하였다. 이베이는 매수·합병을 통해 시너지를 극대화하면서 온라인 경매 사이트의 지존으로 자리 잡게 되었다. 이런 굵직한 인수·합병을 주도한 멕 휘트먼 사장은 이렇게 자신의 전략을 평가한다.

이베이와 페이팔, 스카이프는 개인에게 새롭고 독창적인 사업기회를 제공했습니다. 스카이프는 하루에 수만 명 이상의 새로운 회원을 끌어들일 정도로 가장 빠르게 성장하는 온라인 비즈니스입니다. 이 두 회사를 인수한 것도 CEO로서 지속적인 성장만이 회사가 살 길이라는 것을 알았기 때문입니다. 저는 회사의 성장 잠재력을 믿었기 때문에 페이팔과 스카이프를 인수할 수 있었고 성공했습니다.

++손정미, "CEO 사전에 남녀는 없다", 〈조선일보〉, 2007. 3. 26

05_
원가 파괴 사우스웨스트 항공

중소기업이 업계에서 이미 확고한 자리를 차지하고 있는 대기업과 가격경쟁을 벌이는 것은 무모한 일이다. 규모의 이익을 실현할 수 있는 대기업과의 가격경쟁은 위험하기 때문이다. 그래서 이런 가격경쟁에 뛰어드는 대부분의 중소기업들은 실패하고 만다. 그러나 핵심 서비스에 주목하여 과감하게 비용을 절감하고 저가정책으로 시장에서 우위를 차지한 기업이 있다. 바로 텍사스 댈러스에 본사를 둔 사우스웨스트 항공이다.

사우스웨스트 항공은 1967년 냅킨 위에서 태어났다고들 한다. 왜냐하면 당시 텍사스의 샌안토니오에서 변호사 생활을 하던 허브 켈러허(Herb Kelleher)가 그의 고객이던 롤린 킹(Rollin King)의 기발한 아이디어를 냅킨 위에 그렸기 때문이다. 그것은 텍사스의 주요 도시, 이를테면 댈러스, 휴스턴, 샌안토니오를 삼각형 꼭지점으로 연결하는 비행기를 운영하면 어떨까라는 아이디어였다. 1968년에 켈러허와 롤린 킹은 의기투

합하여 투자자로부터 56만 달러를 모아 사우스웨스트 항공을 시작한다. 훗날 회장으로 사우스웨스트 항공의 고속 성장에 주춧돌이 되었던 허브 켈러허가 투자한 돈은 이 가운데 2만 달러에 불과했다.

그러나 오늘날 사우스웨스트 항공은 미국 내의 승객수라는 면에서 보면 가장 큰 항공사이며, 국내외 승객수 기준으로 보면 세계에서 세 번째로 큰 항공사가 되었다. 참고로 미국의 항공사는 사우스웨스트 항공, 델타, 아메리칸 에어라인즈, 유나이티드 에어라인즈의 순서로 승객수가 많다. 사우스웨스트 항공은 8,800만 명(2005년 기준)의 승객을 날랐고, 2위인 델타가 7,800만 명이었다.

게다가 이익 면에서 사우스웨스트 항공의 성적은 더욱 뛰어나다. 규제 완화에 따라 항공사들은 치열한 경쟁에 노출되어왔다. 이 와중에 1990년대 초반에는 TWA, 컨티넨털, 아메리카웨스트가 법정관리 상태에 들어가기까지 하였다. 하지만 사우스웨스트 항공은 2006년까지 34년간 연속적인 흑자라는 경이로운 기록을 만들어냈다.

사우스웨스트 항공이 출범할 당시에 시장은 이미 포화상태였고, 기존의 메이저 기업들이 시장을 차지하고 있는 상태에서 틈새시장은 존재하지 않는 것 같았다. 그러나 창업자 허브 켈러허의 판단은 달랐다. 그는 기존의 항공사들이 대형 허브 공항 위주로 운행하고 있지만 고객들은 허브 공항을 거치지 않고 직접 자신의 목적지로 가기를 원한다는 사실을 정확하게 간파했다.

우리는 이 틈새시장의 가능성을 보았다. 그리하여 세계에서 유일하게 단거리 노선만 뛰며, 대신 하루 운행 횟수를 최대한 늘리고 저운임을 유지하되, 지방의 도시 사이를 직접 연결하는 항공사가 되자는 결심을 하였다. 그 시장이야말로 우리가 찾고 있던 시장임을 알았다. 그리고 그 틈새시장에 가장 적절한, 다시 말해 가장 효율적이고 경제적인 운항방법을 찾아낸 것이다.

++찰스 자프(Charles A. Jaffe), "Moving Fast by Standing Still", 〈Nation's Business〉, p. 58.

사우스웨스트 항공은 초기에 다른 경쟁사들이 도저히 따라올 수 없는 저가로 각 도시간의 단거리 비행에만 집중했다. 우직할 만큼 철저하게 이 전략을 고수했다. 여기에서 대형 항공사들이 놓쳤던 부분은 가격을 낮추면 그만큼 단거리 승객이 늘어난다는 점과, 고객들은 가격 대비 가치에 관심을 갖고 있다는 점이다. 일반적으로 높은 가격을 지불하고 타는 비행기에서 기대하는 기내 서비스에 비해 낮은 가격을 지불할 때는 기대수준이 낮기 때문에 고객들의 불만도 크게 줄일 수 있다.

기내에서는 최소의 서비스만 제공함으로써 비용을 절감하고, 비행기 종류도 보잉737만 고집함으로써 직원 연수비, 비행기 보수·유지비, 재고 관리비를 크게 낮출 수 있었다. 게다가 비행기는 공중에 떠 있을 때만 수익을 올릴 수 있다는 원칙을 중시하여, 가능한 한 지상에 머무르는 시간을 줄이기 위해 모든 노력을 다했다. 예를 들어 다른 항공사들은 승객들이 비행기에서 내린 후에 청소를 하고 다시 새로운 승객을 태우기까지 1시간이 필요한 데 반해 사우스웨스트 항공의 70%는 15분 정도, 그리고 10%는 겨우 10분 정도면 이륙할 수 있는 모든 준비가 완료된다.

물론 이처럼 낮은 가격으로 가격경쟁에 뛰어들 수 있지만, 가격 대비 높은 비용 때문에 장기적인 적자를 감수하지 않고선 가격경쟁에 돌입하기 어려운 상황이었다. 예를 들어 사우스웨스트 항공의 시트마일(좌석수 ×운행거리)당 운영경비는 아메리카웨스트 항공보다 15%, 델타보다 29%, 유나이티드보다 32%, US에어라인보다 29%나 낮았다(1991년 1/4분기 기준). 여기에다 다른 항공사와 비교할 수 없을 정도로 우호적인 노사관계와 충성도가 높은 직원들도 경쟁력을 높이는 데 큰 역할을 했다.

사우스웨스트 항공이 성공을 거두자 미국뿐만 아니라 전 세계적으로 다양한 모습의 초저가 항공사들이 속속 등장하고 있다. 사우스웨스트 항공은 원가 파괴라고 부를 수 있을 정도의 저가 시장을 만들어냈다는 점에서 창조경영의 사례로 손색이 없다. 마케팅 분야에서 잘 알려진 로버트 F. 하틀리는 사우스웨스트 항공의 성공사례를 분석하며 이런 총평을 내리고 있다.

한 회사가 경쟁 기업들보다 낮은 가격을 유지하면서 수익을 낼 수 있다면, 그러면서도 서비스의 질에는 아무 영향이 없다면, 그 회사는 엄청난 경쟁력을 지니고 있다고 말할 수 있다. ……

사우스웨스트 항공의 효율적인 경비관리 제도를 보면, 저가정책이 얼마나 큰 경쟁력을 제공하는지 잘 알 수 있다. 고객들은 품질이나 편안함, 그리고 서비스가 크게 훼손되지 않는다면, 당연히 저가를 선호한다. 사우스웨스트 항공의 경우 기내외 서비스를 조금 희생해도 고객들이 이를 별 저항 없이 받아들였다. 단거리 노선이라 서비스가 조금 부족해도 큰 불편함이 없었기 때문이다. 대신 사우스웨스트 승객들은 정기적인 운항과 친절한 서비스를 제공받기 때문에 이에 크게 만족한다. 사우스웨스트의 이런 노프릴 제도는 실험 결과 장거리 노선에서도 고객들의 호응을 얻는 것으로 나타났다.

++로버트 F. 하틀리(Robert F. Hartley), 『피말리는 마케팅 전쟁 이야기 Marketing is······ war』, pp. 530~550

06_
새로운 가치 창조 스타벅스

이제 스타벅스는 전 세계 주요 도시의 풍경을 바꾸어놓을 정도가 되었다. 주요 도시의 번화한 곳이면 어김없이 스타벅스 매장을 만날 수 있다. 1992년 200개 매장에서 출발한 스타벅스는 14년 만에 전 세계에 1만 3,186개(2006년 말 기준)을 가진 기업으로 성장하였다. 물론 이 가운데 절반이 미국에 있다. 2006년 4/4분기만 해도 하루에 8개꼴로 매장이 들어서고 있는 추세를 고려하면, 5년 안에 맥도날드를 제치고 식품 프랜차이즈 분야에서 세계 1위에 올라선다는 전망이 결코 과장이 아님을 짐작할 수 있다.

앞으로 미국에서만 현재의 목표치인 1만 5,000개를 넘어서 2만 2,000개까지 들어설 전망이고, 중국만 하더라도 230개(2006년 기준)에서 1만 개 이상 증가할 가능성이 있다고 한다. 이를 종합하면 3만 개를 넘어서 4만 개 정도의 스타벅스 점포가 들어설 것이라고 예상할 수 있다. 결과적으로 스타벅스는 2006년 한 해 동안 매출규모가 23억 7,000만 달러에 이를 정도의 초대형 기업으로 성장하는 데 성공했다.

커피라는 상품은 어디서나 구입할 수 있다. 맥스웰이나 테이스터 초이스와 같은 제품을 구입할 수도 있고, 맥도날드나 던킨도너츠에서도 테이크아웃 커피를 손쉽게 구입할 수 있다. 그렇다면 왜 사람들은 이런 제품보다 비싼 커피를 스타벅스에서 구입할까? 어느 곳에서나 살 수 있는 커피라는 상품이 하나의 문화적인 현상으로 자리 잡고, 미국을 넘어 전 세계 도시 요지마다 스타벅스 매장이 들어설 수 있었던 원인은 무엇일까? 스타벅스는 커피를 판매하는 회사가 아니라, 일상의 분주함 속에서 행복한 사치라는 호사스런 체험을 판매하는 회사이기 때문이다.

현대인은 늘 시간 부족에 시달리고 하루하루 분주하게 지낸다. 도회지의 생활이란 항상 빡빡하게 돌아간다. 이런 생활 속에서 사람들은 짧은 시간 동안만이라도 편안함과 휴식을 취하고 싶어한다. 스타벅스 매장이 미국뿐만 아니라 세계 주요 도시 곳곳을 점령할 수 있었던 결정적인 계기는 소소한 사치나 호사를 고객들이 저렴하게 누릴 수 있도록 제공했기 때문이다.

스타벅스라는 기업을 대상으로 묵직한 책을 펴낸 맹명관 씨는 스타벅스를 이렇게 묘사한다.

자, 눈을 감고 스타벅스에서 체험한 경험을 상상해보세요. 매장 문을 열고 들어서면 친숙하게 느껴지는 클래식 음악과 절묘한 조화를 이루는 에스프레소 기계의 커피 가는 소리, 매장을 가득 채우는 커피 향, 숙련된 솜씨로 커피를 만들어주는 바리스타들의 미소 띤 얼굴과 내 손에 쥐어주는 세계에서 가장 맛있는 커피, 그리고 입안 가득 머무르는 깊은 커피 맛과 내 집과 직장을 떠난 가장 편안한 나만의 장소(제3의 장소)에서 만끽하는 삶의 여유와 대화, 편안함...... 이런 감성적 자극들이 스타벅스 브랜드를 형성하고, 더 나아가 생활의 일부분으로 느끼게 합니다.

++맹명관, 『스타벅스 100호점의 숨겨진 비밀』, p. 108

　　스타벅스의 오늘을 가능하게 한 하워드 슐츠가 자서전에서 이야기한 바와 같이, 그가 기업을 이끌며 초점을 두었던 부분은 이탈리아에서 경험한 독특한 커피 문화를 미국 땅에 이식하는 것이었고, 이를 통해서 스타벅스를 고객들에게 독특한 경험을 선사하는 장소로 만들어내는 것이었다. 오늘날 스타벅스를 자신만의 성스러운 장소, 즉 성소로 여기는 사람들이 꽤 많을 것이다.

　　고객들이 기능과 편리성에만 관심을 갖는 시대였다면 스타벅스가 이 정도의 큰 기업으로 성장할 수 있었을까? 제너럴 푸드, 네슬레 등 쟁쟁한 기업들이 포진한 커피 산업에서 그들이 살아남을 수 있는 방법은 없었을 것이다. 하지만 스타벅스는 그들만의 독특한 체험이란 가치를 고객들에게 제공함으로써 성공을 거두었다. 더 이상 새로운 것을 기대하기 힘들다는 전통 산업에서도 새로운 가치를 고객들에게 제공함으로써 문화 아이콘을 창조한 사례가 바로 스타벅스의 창조경영이라 할 수 있다.

　　하워드 슐츠가 스타벅스에 근무한 지 1년 만인 1983년 봄 이탈리아 밀라노에서 열린 국제 가정용품 전시회에 참석했을 당시 에스프레소를 관찰하면서 마음속에 담았던 비전이 오늘날 스타벅스를 통해 구현되고 있다는 생각이 든다. 후발주자들이 수없이 쏟아져 들어오는 시장에서는 결국 비전에 특별함이 담겨 있어야 한다고 생각한다.

나는 여기서(이탈리아의 에스프레소 매장) 중요한 것을 깨달았다. 스타벅스는 완전히 그 핵심을 모르고 있었다는 것이다. 커피를 사랑하는 사람들끼리 꼭 집에 모여서 커피 원두를 갈고 추출해 마실 필요는 없다. 스타벅스가 먼저 해야 할 일은 커피 원두만 팔 것이 아니라 이탈리아에서처럼 커피의 신비와 로맨스를 바로 커피 바에서 느낄 수 있도록 해야 한다는 것이다. 그래야만 고객과 스타벅스 사이에 더욱 강력한 유대관계가 형성될 것이라고 생각했다. 그러한 커피의 사회적 기능을 이해하고 있던 이탈리아 사람들은 커피 바에서 에스프레소를 마시며 개인적인 교류를 하고 있었던 것이다.

그러한 핵심적인 요소를 스타벅스가 아직도 모르고 있다는 것을 이해할 수가 없었다. 그것은 마치 신의 계시와 같았다. 너무도 긴급하고 눈에 확연히 보이는 일이었기 때문에 나는 부르르 떨 정도로 흥분했다. 물론 스타벅스가 고급 커피를 팔고 있었다는 것은 명백한 일이지만, 커피 잔에 제공하지 않고 단지 팩에 넣어 팔아야 하는 식료품이나 집으로 가져가야 할 농산물로만 취급했던 것이다. 즉 우리는 수세기 동안 지속되어온 커피의 '혼'으로부터 한 발짝 떨어져 있었던 것이다.

++하워드 슐츠(Howard Schultz), 『스타벅스 커피 한잔에 담긴 성공신화』, p. 66

그가 기존의 커피 산업이나 테이크아웃 커피 매장과 차별화를 둔 것은 바로 위에서 이야기한 감성 대목이다. 이탈리아의 커피 문화라는 정서적 유대감과 독특한 체험이라는 새로운 비전을 발견한 점이 스타벅스를 세계적인 기업으로 만드는 데 결정적인 기여를 하였다. 전혀 기대하지 못했던 새로운 가치를 고객들에게 제공한 창조경영의 사례로 스타벅스를 들 수 있다.

07_
새로운 상품 카테고리 창조 딤채 김치냉장고

김치냉장고라는 새로운 제품 카테고리를 개발하는 데 성공한 기업이 위니아만도(주)이다. 지금에 와서 생각해보면 기존의 가전 전문 메이커들이 이미 성숙 시장으로 간주하고 있는 냉장고 시장에서 완전히 새로운 시장인 김치냉장고라는 좋은 기회를 어쩌다 놓쳤을까 의아할 때가 많다. 왜냐하면 이미 프랑스의 와인 냉장고나 일본의 생선 냉장고라는 상품이 시장에 존재했기 때문이다. 와인이나 생선처럼 한국인이 즐겨 먹는 김치를 전문적으로 보관하는 상품이 필요하다는 것을 간파할 수도 있었을 텐데, 기존 가전 메이커로서는 뼈아픈 실책이라 할 수 있다.

지난 3월 삼성전자의 임원 세미나에서 강연을 마쳤을 때 참가한 분으로부터 "딤채 김치냉장고가 탄생할 수 있었던 결정적인 이유가 무엇이라고 생각합니까?"라는 질문을 받았다. 처음에 어떻게 그런 기회에 주목하게 되었는가 하는 점은 매우 중요하다. 문제 제기가 먼저 이루어져야 그 다음에 문제에 대한 해결책이 등장할 수 있기 때문이다. 그것은 고정관념을 벗어나 예리한 관찰력과 호기심으로 새로운 시장을 찾아보려는 열의가 있었기 때문에 가능했다.

아마도 기존 가전 메이커들은 새로운 시장을 찾기보다는 기존의 냉장고를 어떻게 하면 좀더 잘 만들 수 있을까, 어떻게 하면 좀더 많이 팔 수 있을까 하는 부분에 주목했을 것이다. 기존 가전 메이커들이 기존의 기술을 응용해서 완전히 새로운 시장을 개척한다는 부분에 주목하지 않았던 점이, 김치냉장고 시장에서 후발주자가 될 수밖에 없었던 중요한 이유라 할 수 있다. 김치냉장고 개발 사례를 '지식점프'라는 용어로 풀이한 이홍 교수는 모두가 그냥 넘어갈 수 있는 부분에 대한 문제 제기가 얼마나 중요한가에 대해 이렇게 말한다.

문제 제기는 문제를 포착하는 눈이 있어야 가능하다. 그런데 문제를 포착해내는 것, 그것도 지식점프에 이를 정도의 문제를 포착해내는 것은 생각처럼 쉽지 않다. 이를 방해하는 힘이 있기 때문이다. 이것은 구성원들의 마음속에 존재한다. 문제에 대한 포착을 어려워하거나 이를 적극적으로 제기하지 못하는 것은 근본적으로 구성원들의 마음에서 비롯된다. 이를 문제 진입 장벽이라고 부르기로 한다. 문제 진입 장벽이란 불행히도 문제를 찾지 못하거나 찾아도 들어가지 못하는 심리적 함정을 말한다.

++이홍, 「지식점프」, pp. 64~65

그런데 이외에도 다른 이유가 있었을 것으로 추정된다. 그것은 사업

다각화에 대한 필연성이다. 상용차 에어컨이나 히터, 라디에이터 등 완성차 업체를 위한 차량용 공조부품 전문회사인 위니아만도는 더 큰 도약을 위해서 업종을 다각화하지 않을 수 없었다.

그렇게 해서 시작한 신사업이 '위니아'라는 브랜드로 출발한 에어컨 사업이다. 그러나 에어컨은 특성상 여름 상품이기 때문에 1년 가운데 절반은 공장을 놀려야 하는 딱한 사정이 있었다. 이를 극복하기 위해 온풍기, 가습기, 보일러, 식기세척기, 자판기 등 다양한 아이템을 시도했지만, 기존 시장에서 버티고 있는 기업들에 밀려 경쟁의 벽을 넘지 못하거나 아이템 선정의 실수로 인해 그다지 큰 성과를 내지 못했다.

이런 고민과 실수, 좌절 끝에 나온 아이디어가 바로 김치냉장고 시장의 개척이었다. 이러한 성공은 실수나 실패를 용인하지 않았다면 결코 나올 수 없었을 것이다. 김치냉장고 프로젝트를 주도했던 황한규 씨는 "딤채를 내놓기까지 번번이 실패를 거듭했다. 조직 내에서도 나를 보는 눈이 곱지 않았다. 사장님이 내 말을 끝까지 믿어주어 좋은 결과를 이룬 것 같다"고 말한다.

딤채 김치냉장고는 위니아만도라는 회사의 구조를 바꾸어놓았다. 2006년 한 해 동안만 해도 위니아만도는 김치냉장고 시장의 절반 정도인 60만 대를 팔았다. 1995년 출시 이후 2006년까지 총 누적 판매량은 400만 대에 이른다. 결과적으로 위니아만도의 한 해 매출 5,000억 원 중에서 딤채 매출이 차지하는 비중은 80%나 된다. 단 하나의 히트 상품을 개발함으로써 회사의 구조 자체가 바뀔 수 있음을 보여주는 사례이다.

뿐만 아니라 김치냉장고라는 새로운 제품 카테고리는 에어컨 시장에

버금갈 정도인 1조 1,000억 원대의 시장을 새로 만들어냈다. 전에는 전혀 존재하지도 않았던 완전히 새로운 시장을 창조한 사례라 할 수 있다. 딤채가 출시된 다음해인 1996년 위니아만도의 판매 대수는 2만 대로 90억 원 매출에 불과하였다. 1997년 8만 대 판매에 400억 원 매출, 1999년 30만 대, 2000년 46만 대 판매로 3,200억 원의 매출을 기록하며 출시 5년 만에 5대 주요 가전제품으로 당당히 자리 잡게 된다.

1991년 무렵 위니아만도가 주목한 것은 "식문화의 발달과 함께 저장문화 또한 발달해온 프랑스나 일본과는 달리, 한국 고유의 음식문화인 김치를 위한 저장문화는 왜 발달하지 않았을까?"라는 간단한 질문이었다. 경제성장과 더불어 주거문화가 아파트로 서구화되면서 저장장소가 사라져버린 것에 주목한 것이다.

제품을 개발하는 과정에서 그들은 오랫동안 전통 한옥의 뒷마당에 김치를 보관해왔고 아직도 한옥 가옥에서 사용하고 있는 땅 속에 묻는 김칫독의 원리를 구현하면 제품 개발이 가능하지 않을까라는 판단을 내린다. 이렇게 1991년에 시작된 김치냉장고의 개발은 1993년 땅 속 숙성 김치의 맛 재현을 목적으로 김치연구소를 발족시켰고, 결국 1995년 11월 김치냉장고가 탄생하게 된다. 이후 '딤채'로 대표되는 김치냉장고는 단순한 상품이라기보다는 '고품격 음식문화'를 나타내는 아이콘으로 자리 잡는 데 성공한다.

딤채 개발과정을 살펴보면 완전히 새로운 지식을 사용한 것은 아니다. 이미 존재하는 지식을 응용해서 소비자의 숨겨진 욕구를 찾아내고 이를 실현해낸 성공사례에 속한다. 그들이 제품 개발 단계에서 주목한 부분은 두 가지로 요약할 수 있다.

첫째, 에어컨식 냉장기술은 김치를 보관하는 데 적합하지 않으므로 김치를 제대로 숙성시킬 수 있는 김치 전문 냉장고의 개발이 필요하다. 일반 냉장고는 서양의 건조음식을 보관하는 데 초점이 맞추어져 있기 때문에 간접냉각 방식을, 김치냉장고는 저장물의 수분 유지를 위해 직접 냉각 방식을 적용한다. 결과적으로 김치냉장고는 일반 냉장고에 비해 최대 5배 이상 신선한 식품 보관능력을 갖게 된다.

둘째, 다양한 실험을 통해서 일반 냉장고가 김치 보관에 적합하지 않은 이유가 저장실의 온도 편차가 크기 때문이라는 점을 알게 되었다. 그래서 김치냉장고는 사계절 내내 온도 편차를 1도 이내로 유지하기 위해 일체형 몸체를 선택한다. 참고로 일반 냉장고는 최대 10도의 온도 편차가 발생한다.

그 결과 편차 없는 고른 온도를 유지하기 위한 일체형 저장고, 냉기 보존을 위한 상부 개폐식 구조 등 새로운 요소를 도입하며 새로운 제품 카테고리를 탄생시켰다. 물론 출시 이후의 구전 마케팅과 지속적인 마케팅 전략도 어느 정도 기여한 바가 컸지만, 새로운 시각으로 시장을 읽어냈다는 점이 창조경영의 대표 사례라 할 수 있다.

08_
문화 아이콘 창조 해리포터 시리즈

1997년 6월 26일 1편이 출간된 지 10년 만에 6편까지 전 세계적으로 무려 64개 언어로 3억 2,500만 부가 팔려나간 책이 '해리포터' 시리즈이다. 1편 『해리포터와 마법사의 돌』로 시작된 해리포터 시리즈는 2007년 7월에 발간될 7편 『해리포터와 죽음의 성도』를 끝으로 잠정적으로 마무리될 전망이다. 책에서 시작된 인기는 영화로 연결되어 4편까지 영화화되었고 흥행 면에서도 큰 성공을 거두었다.

지난 10년간 해리포터는 세계에서 가장 사랑받는 '문화 아이콘'이었다고 할 수 있다. 세계 출판계는 해리포터가 미친 영향이 너무 막대하기 때문에 '포터의 시대'와 '비포터의 시대'를 이야기할 정도이다. 마치 역사를 '기원전'과 '기원후'로 나누는 것처럼 말이다.

2001년 11월에 개봉된 해리포터 영화 1편은 9억 7,650만 달러의 수입을 올림으로써 흥행기록에서 역대 4위라는 대기록을 남겼다. 이후 2

편은 8억 7,900만 달러(역대 흥행기록 10위), 3편은 7억 9,440만 달러(17위), 4편은 8억 9,220만 달러(세계 9위)를 기록했다. 그야말로 출판시장과 영화시장 모두에서 지구촌을 하나의 목록으로 정리해버린 작품이다. 출판과 영화에만 국한된 것이 아니라 캘린더, 다이어리, 액세서리, 문구류, 마법학교 모형물, 여행상품 등 다양한 해리포터 상품을 탄생시켰다.

혹자는 이를 두고 '해리포터에 홀린 10년'이란 표현을 사용할 정도로 해리포터 시리즈가 경제, 사회, 문화에 미친 영향은 막강하다. 그 덕택에 해리포터의 원작자인 조앤 K. 롤링(Joanne Kathleen Rowling)은 순자산만 10억 달러에 달할 정도의 막대한 돈을 벌었다.

딸아이와 함께 끼니를 걱정해야 할 정도로 궁핍했던 이혼녀는 불과 10년 만에 오프라 윈프리에 이어 세계에서 두 번째로 부유한 여성이 되었다. 한 인간이 가진 상상력과 창의력이 어느 정도의 부가가치를 만들어낼 수 있는지 단적으로 보여준 조앤 롤링의 해리포터는 아이디어라는 측면에서 창조경영의 전형적인 사례라 할 수 있다.

포르투갈에서의 짧은 결혼생활 이후 생후 4개월 된 아이를 데리고 영국으로 돌아온 조앤은 에든버러에 초라한 방 한 칸을 얻어 정착했다. 일자리가 없어서 1년 정도 생활 보조금을 받아 생활하면서 본격적으로 해리포터 이야기를 쓰기 시작한다. 아이를 재우고 난 다음 집 근처의, 지금은 명소가 된 니콜슨 카페를 찾아 진한 에스프레소 한 잔과 물 한 컵을 곁에 두고 누구의 간섭도 받지 않고 두세 시간 동안 해리포터를 써내려갔다고 한다. 해리포터의 아이디어를 어떻게 떠올렸는가에 대해 그녀는 〈스쿨 라이브러리 저널(School Library Journal)〉과의 대담에서 이렇게 털어놓았다.

나는 기차에 앉아(소득 없는 일과를 마치고 돌아오던 중 기계상의 문제로 기차가 네 시간 정도 지연됨-편집자 주) 그저 창 밖으로 소 몇 마리를 바라보고 있었다. 이런 광경은 영감이 떠오를 만한 소재가 아니었다. 그 순간 갑자기 해리포터에 대한 아이디어가 내 마음의 눈앞에 나타났다. 왜 그런 일이 발생했는지 혹은 무엇이 그렇게 했는지는 나도 모르겠지만, 해리포터와 마법학교라는 아이디어는 아주 또렷했다. 자기가 누군지 모르는 아이라는 이 기본 아이디어는 그렇게 갑자기 찾아왔다.

++로버트 샤인펠드(Robert Scheinfeld), 『성공의 11번째 요소』, p. 166

해리포터 시리즈는 기존의 소설과 달리 현실과 가상이 불분명한 컴퓨터 게임과 같은 소재와 인물들을 다룸으로써 사람들을 환상의 세계로 인도했다. 이러한 독특한 콘텐츠는 그대로 영화로 연결되어 엄청난 상업적 성공을 거두었다. 그 파급효과는 영화에만 그치는 것이 아니다. 영국의 〈가디언(Guardin)〉지는 해리포터의 영향으로 증가한 관광산업 관련 매출에 대해 "해리포터가 영국 경제에 기여하는 부가가치는 연간 30억 파운드(약 5조 7,000억 원)가 넘는다"고 평가하고 있다. 독특한 콘텐츠가 가져온 파급효과는 실로 어마어마하다는 표현을 쓸 수밖에 없을 것 같다.

활자매체는 영상매체에 비해 경쟁력이 뒤떨어질 수밖에 없다고 모두들 믿었다. 그러나 활자매체 자체가 가진 독특한 장점인 상상력 제작소라는 진가를 발휘한 것이 바로 해리포터의 성공요인이라고 할 수 있다. 소설도 영상매체처럼 얼마든지 재미있을 수 있음을 보여주었다는 점에서 해리포터는 읽기에 식상해하던 젊은이들에게 새로운 전기를 제공하였다. 시각이 압도적인 영향력을 행사하는 시대에도 인간은 재미와 흥미를 가져다주는 서사, 즉 이야기를 좋아한다는 점을 정확히 조준해서 성공시킨 사례가 바로 해리포터 시리즈라 할 수 있다. 또한 한 인간의 창의력이 만들어내는 창조의 힘을 보여준 대단한 사례이다.

09_
새로운 기술 창조 에어컨

모든 새로운 기술의 발명은 창조경영의 사례에 속한다. MIT 대학에 있는 러멜슨–MIT 프로그램은 발명을 통해서 인간의 삶에 기여한 영웅들의 업적을 소개하고 있다. 1923년에 태어나서 1997년에 죽은 제롬 러멜슨(Jerome Lemelson)은 의학, 산업, 장난감 등 다양한 분야에서 무려 550개가 넘는 특허권을 얻은 미국의 발명가이다. 그는 생전에 "나는 늘 해결할 수 있는 문제를 찾았다. '어떻게 하면 그것을 개선할 수 있을까?'라는 질문 없이는 새로운 기술을 결코 볼 수 없었다"라고 말하곤 했다.

  MIT 대학 내에 설치된 러멜슨–MIT 프로그램을 소개하는 홈페이지(web.mit.edu/invent/w-foundation.html)를 방문해보면, 인류의 오늘을 가능하게 한 다양한 기술과 그 발명가들에 대한 소개의 글을 만날 수 있다. 그곳에 있는 신기술을 일일이 소개할 순 없지만 대표적인 사례로 에어컨의 발명을 살펴본다.

현대 문명에서 에어컨이 없는 생활을 상상할 수 있을까? 필자가 학위를 받은 라이스 대학은 매우 덥고 습기가 많은 미국 텍사스 휴스턴에 자리하고 있다. 일 년에 6개월 정도 여름이 계속되는 날씨 탓에 그곳에 머무르는 동안 에어컨의 위력을 정말 실감할 수 있었다. 이처럼 더운 곳에 대도시가 탄생할 수 있었던 중요한 요인으로 에어컨의 대중화를 들 수 있다. 물론 에어컨의 발명과 활용은 인간의 활동반경을 넓히는 일뿐만 아니라 생산이나 라이프스타일에도 큰 영향을 미쳤다. 더운 여름날 대형 영화관이나 음악회장에 에어컨이 없는 상황을 상상해보라.

현대인의 삶에 획기적인 변화를 가져온 에어컨은 누가 만들었을까? 훗날 '냉방의 아버지'라 불리는 윌리스 하빌랜드 캐리어(Willis Haviland Carrier)는 코넬 대학에서 전자공학 석사학위를 마친 지 1년이 막 지난 시점인 1902년, 25세의 젊은 나이에 세계 최초로 현대적인 의미의 에어컨을 발명하였다.

물론 캐리어의 발명 이전에 냉방기능을 수행하는 기구가 없었던 것은 아니다. 1886년에 루이스 라티머(Lewis Latimer)가 만든 초보적인 방식의 에어컨이 있었으며, 1906년에는 스튜어트 H. 크래머(Stuart H. Cramer)가 의류공장에서 공기에 물을 뿜는 기구로 '에어 컨디셔닝'이란 용어를 사용하기도 하였다. 캐리어가 에어컨을 발명하게 된 계기는 그 이야기만으로도 매력적이다. 1902년 어느 가을날, 그는 피츠버그에서 기차를 기다리고 있었다. 마침 기차를 기다리는 주변에는 온통 짙은 안개가 덮여 있었다. 불현듯 그는 자신이 고심하고 있던 문제에 안개의 원리를 이용하면 되겠다는 생각을 떠올린다.

그때 캐리어는 한 가지 문제로 고민 중이었다. 인쇄과정에서 컬러가 번지는 문제를 해결해달라는 출판사의 요청에 따라 이미 7월 17일 세계 최초의 기계적인 에어컨에 대한 구상을 마쳐놓은 상태였다. 그는 문제를 해결하기 위해 한창 고심하던 중 해결방법을 안개에서 찾아낸다. 이때 이미 에어컨의 원리를 기온의 조절, 습기의 조절, 공기의 순환과 배출, 공기의 정화 등의 네 가지 기능으로 정리한다.

1902년 그의 기술이 처음으로 적용된 곳은 뉴욕 브루클린의 새킷 빌헬름스 석판인쇄 및 출판회사였다. 공기 중의 높은 열과 습기 때문에 고심하던 출판업자는 25세의 젊은 기술자에게 문제 해결을 요청한다. 당시 그 회사는 유명한 유머 잡지인 〈저지(Judge)〉를 출판하고 있었는데 여름에는 높은 습기가 종이로 스며들어 컬러가 번지는 문제 때문에 골머리를 앓고 있었다. 캐리어가 개발한 새로운 에어컨은 네 가지 컬러가 제대로 인쇄될 수 있도록 해주어 출판업자를 만족시켰다.

당시 버팔로 포지사에서 일하고 있던 젊은 엔지니어, 캐리어의 봉급은 주급 10달러에 불과했다. 이런 노력 끝에 자신감을 얻은 캐리어는 여섯 명의 다른 엔지니어와 함께 1915년에 3만 2,600달러의 자본금으로 캐리어사를 설립한다. 캐리어사는 냉방 분야에서 여전히 세계적인 기업으로 남아 있다.

그가 에어컨을 발명한 최초의 인물은 아니지만 캐리어의 독창적인 면은 기온과 습기, 그리고 공기 정화와 공기의 순환을 제어하는 기구를 만들었다는 점이다. 1906년 1월 2일 그는 '공기를 처리하는 기구'로 미국 특허를 얻게 된다.

캐리어의 독특한 점은 두 가지 새로운 기술, 즉 전기와 냉각효과를 결합한 데 있었다. 그는 전기 송풍기가 냉각된 전선 너머로 공기를 원활하게 이동시킬 수 있는 기구를 만들었는데, 당시로서는 획기적인 기술이었다. 낮은 습기로 시원하게 냉각된 공기를 일정한 공간 곳곳에 전송할 수 있었으며, 기계 주변의 더운 공기는 바깥으로 내뿜었다. 그것은 하루에 10만 파운드 이상의 얼음을 녹이는 것과 같은 냉각효과를 가져왔다. 이후에도 캐리어의 도전은 계속되었고, 현대적인 의미의 에어컨을 탄생시켜 추가 특허를 얻는 데 성공한다.

그러나 실질적으로 에어컨이 신뢰감을 얻고 안정된 기계로 인식되기 시작한 시기는 1922년 캐리어가 원심력을 이용한 냉각기를 개발한 다음부터라고 할 수 있다. 초기에는 독성을 가진 암모니아 냉각제를 사용했기 때문에 만일 암모니아가 바깥으로 새어나올 경우 매우 위험하다는 문제점을 갖고 있었다. 이후 무독성의 딜렌으로 대체되면서 백화점, 사업장, 레스토랑, 극장, 박물관 등이 앞다투어 에어컨을 구입하였다.

에어컨의 초기 설치 역사를 살펴보면, 1914년 미니애폴리스에 위치한 찰스 게이츠의 저택, 1922년 로스앤젤레스의 그라우만 메트로폴리탄 극장, 1924년 디트로이트의 허드슨 백화점, 1925년 뉴욕의 리보리 극장, 1925년 와이오밍 전함, 1926년 캘리포니아의 패터슨 빌딩, 마침내 1928년 미국 하원 등에 속속 설치되기 시작했다.

에어컨은 처음에는 사업장에만 설치할 수 있을 정도로 값비싼 제품이었으며, 가격은 3만 달러 정도를 유지하고 있었다. 훗날 웨스팅하우스와 제너럴 일렉트릭이 1950년대 들어서 소형 가정용 상품을 개발하면서 냉장고, 식기세척기와 더불어 미국 중산층의 상징으로 자리 잡게 된다. 캐리어사의 역사를 살펴보면, 1952년 에어컨 발명 50주년을 기념하는 해에 에어컨이 어느 정도 확산되었는가에 대해 이렇게 전한다.

캐리어사의 에어컨은 미국 의사당, 펜타곤, 로스앤젤레스의 스테이티어 센터, 뉴욕의 메이시 백화점, 로체스터와 미네소타의 메이오 클리닉, 뉴욕의 레버 하우스 등을 시원하게 하고 있습니다. 뿐만 아니라 세계를 여행하는 여행객들은 도쿄의 제국 호텔, 붐베이의 인디아 중앙은행, 런던의 브로드캐스트 하우스, 멕시코 시티의 문화회관, 산후안, 푸에르토리코의 캐리버 힐튼 호텔, 캐나다, 이집트, 인디아, 레바논, 노르웨이, 페루, 남아프리카공화국의 의사당, 퀸 엘리자베스호를 포함해서 세계 10대 거대 여객선 가운데 6개, 그리고 포레스탈 항공모함을 비롯해 세계의 가장 앞선 함공모함에서도 캐리어를 발견할 수 있습니다.

++"Company History", www.corp.carrier.com

20세기의 진기한 과학 발견에 관한 책을 집필하기도 한 찰스 필립스(Charles Phillips)는 "1960년대부터 1990년대까지 활기찬 남서부의 많은 도시들은 만약 에어컨이 없었다면 여전히 벽지로 남아 있었을 것이다"라는 말로 에어컨이 끼친 막대한 영향력을 평가하고 있다. 에어컨의 발명은 자동차의 발명이나 인터넷의 발명과 마찬가지로 인간의 활동공간을 대폭 확대하는 데 크게 기여하였다. 우리의 삶에 획기적인 영향을 행사하는 기술의 개발이란 점에서 창조경영의 멋진 사례라 할 수 있다.

4 창조경영 어떻게 적용할 것인가

" 창조경영의 성공요인은 무엇일까?
창조경영의 성과를 결정하는 10가지 결정적인 변수를
최고의 수준으로 만들어내기 위해 조직이 무엇을 어떻게 해야 하는지 살펴본다.
창조경영을 촉진할 수도 있고 방해할 수도 있는 환경을 최적으로 조성하기 위해
조직은 어떤 선택을 해야 할지 알아보자. "

01_
창조는 자원이 아니라 사람의 일

창조는 자원이 아니라 사람의 일이다. 창조경영은 현장에서 직접 일하는 사람들이 얼마나 창조적으로 일을 수행할 수 있는가 하는 점이 무척 중요하다. 우선 여러분이 몸담고 있는 조직에 대해 잠시 동안 생각해보자. 그곳에서 '자신의 일을 창조적으로 수행하고 있는 사람이 얼마나 된다고 생각하는가?'라는 질문을 받는다면, 어떤 답을 내놓을 수 있는가? 아마도 '창조적인 사람들이 많다'라는 답이 나오기는 힘들 것이다.

대다수 구성원들은 최소한의 요구수준을 넘어서 일하고 있지만 때로는 최소한의 기대수준을 만족시키지 못하는 사람들도 있다. 최소한을 넘어서 기대수준 이상으로 일을 처리하는 사람 중에서 '정말 창조적이다'라고 평가할 수 있는 사람은 극히 소수에 불과할 것이다. 누군가 나에게 같은 질문을 던진다면, 그동안 경험한 조직생활에서 '창조적인 사람은 손에 꼽을 정도로 드물다'라는 것이 솔직한 답이다.

새로운 모험에 꾸준히 도전하라

창조는 일상의 반복적인 정신활동만으로 가능한 일이 아니다. 일정한 시간 동안 엄청난 지적·정서적·심리적 에너지를 특정 주제에 꾸준하게 쏟아부어야만 창조가 일어날 가능성이 높다. 여기서 중요한 점은 가능성이 높다는 것이지, 오랜 시간 동안 노력해도 확실한 것은 아무것도 없다. 때문에 창조를 달성하기 위해서 중요한 것은 불확실이나 실패에 대한 가능성을 기꺼이 받아들일 수 있어야 하고, 주변 사람들이 그런 노력을 무엇이라고 평가하든 꾸준한 노력을 계속할 수 있어야 한다. 창조는 남들이 무엇을 요구하거나 지시하지 않더라도 스스로 알아서 무엇인가를 진지하고 꾸준하게 하는 사람에게 일어날 가능성이 높다.

누구나 동의할 만한 것이라면 그곳에는 이미 기회가 없을 뿐만 아니라 창조를 위해 힘껏 노력할 만한 가치도 없을 것이다. 흔히 '연기처럼 사라지는', 또는 '안개가 자욱한'으로 번역되는 '스푸마토(sfumato)'가 창조를 주도하는 사람들이 처한 상황이라 할 수 있다. 창조를 주도하는 사람들은 필연적으로 동반되는 애매모호함, 모순됨, 불확실성과 더불어 살아가야 한다. 이를 두고 『창의적 기업을 만드는 7가지 원칙』을 집필한 모니크 R. 시겔(Monique R. Siegel)은 창조를 주도하는 인물을 특징지을 때 '분별없는'이라는 말보다는 오히려 '대담함'과 '용기 있는'과 같은 말을 사용하는 것이 바람직하다고 말한다.

물론 이처럼 자발적으로 알아서 하는 데는 여러 가지 이유가 있다. 자신이 하는 일 자체를 즐기면서 할 수 있으면 최고다. 즐겁게 일하는 사람은 다른 사람들에 비해 창조에 이를 가능성이 높다. 때문에 창조를 위해서는 열심히 일하는 것보다 즐겁게 일하는 것이 바람직하다고 말한다.

즐겁게 일하기 위해서는 스스로 하는 일이 자기 자신의 성장과 발전에 어떤 의미를 갖고 있는지 분명히 알고 있어야 한다. 이런 점에서 보면 즐겁게 일하는 것은 선천적으로 주어지는 것이라기보다는 후천적으로 의식적인 노력을 통해 가능하다.

자기 자신이 하고 있는 활동에 대해서 나름대로 확실한 의미를 찾아낼 수 있고, 그 의미가 단순히 돈을 버는 것 이상의 원대함과 위대함을 가질 때 창조가 일어날 가능성은 한층 높아진다. 내가 하고 있는 일이 '그저 아무나 할 수 있는 평범한 일이다'라고 생각하는 사람에게서는 창조를 기대할 수 없다. 설령 남이 보기에 평범한 일이라 해도 '내가 하고 있는 일은 정말 대단한 일이다'라는 확신을 갖고 그 분야에서 반란을 꾀하는 사람들만이 창조에 성공할 수 있다.

피자를 만들어내는 일은 모두에게 알려진 평범하기 그지없는 일이다. 시장에는 셀 수 없을 만큼 많은 피자 업체가 있다. 그러나 이런 분야에서조차 획기적인 아이디어로 성공할 수 있음을 보여준 기업이 있다. 미국 29개 주와 6개 국가에서 영업 중인 '캘리포니아 피자 키친'은 '만약 새로운 토핑이 마음에 들지 않으면 당신이 평소에 좋아하던 것으로 바꾸어 드립니다'라는 아이디어를 활용한 '메뉴 보험'으로 다른 피자 업체와의 차별화를 시도해 성공을 거두었다.

고객들은 만약 입맛에 맞지 않으면 어떻게 하나 하는 걱정에 새로운 시도를 해보고 싶어도 망설인다. 캘리포니아 피자 키친은 이런 점에 착안하여 새로운 토핑이 마음에 들지 않으면 평소에 좋아하는 것으로 얼마든지 바꾸어준다는 전략을 채택했다. 고객에게 안심이란 가치를 제공함으로써 단숨에 경쟁사보다 더 나은 위치로 올라서는 데 성공한다. 가벼운 혁신 사례이긴 하지만, 자신이 하는 일에 의미를 부여하지 못하는 사람에게서는 이런 간단한 발상의 전환조차 나올 수 없다.

오늘날 대다수 근로자들은 어떤 형태로든지 지적 활동을 통해 부가가치를 만들어내는 활동에 참여하고 있다. 연구개발실에서든, 생산 현장에서든, 마케팅 회의에서든 시장의 판도를 뒤흔들 정도의 특별한 아이디어가 탄생해 성과로 연결되는 과정을 보면 그런 아이디어가 우연히 나오는 경우는 드물다. 가능성이란 면에서 보면 자신이 하는 프로젝트에 유난히 애착을 갖는 사람들이 시행착오를 반복한 끝에 멋진 아이디어를 찾아내는 경우가 많다. 대개 창조는 이런 일련의 과정을 통해 일어난다. 물론 우연이란 요소를 완전히 배제할 수는 없는 일이다. 왜냐하면 삶 그 자체에는 항상 우연이라는 요소가 따르기 때문이다.

한편 다른 사람들과 비슷한 태도로 일하는 사람에게서 창조가 일어날 가능성은 낮다. 단순히 반복적으로 성실하게 일하는 것은 창조와 거리가 있기 때문이다. 자신이 하는 일의 가치를 확연히 알고 있는 사람은 타인이 어떤 선택을 하든 관계없이 특정 문제를 해결하기 위해 끈기를 갖고 노력하거나, 새로운 아이디어를 찾아내기 위해 집요하게 도전한다. 이런 도전은 단순한 반복이 아니라 다양한 측면에서 새로운 모험을 의미한다. 창조라는 것은 이처럼 상상할 수 있는 모든 가능성에 문을 열어놓고 도전하는 과정에서 생겨난다.

따라서 자발적으로, 그리고 주도적으로 문제 해결이나 신규 아이디어를 찾아내기 위해 끊임없이 도전하고 행동으로 옮기지 않으면 창조는 이루어지기 힘들다. 창조는 이를 시도하는 사람의 마음속에서 혹은 두뇌 속에서 일어나는 가치 있는 '그 무엇'을 밖으로 끄집어내거나 발견하는 격렬한 변화과정이라고 할 수 있다.

또한 창조는 근속연수와도 비례하지 않는다. 물론 창조경험이 축적되면서 마치 2차 함수를 그리듯이 창조역량이 향상된다. 그러나 입사한 지 얼마 되지 않은 사람도 창조의 주역으로 등장하는 경우가 종종 있다. 이는 고정관념이나 선입견 없이 자신의 판단에 따라 이런저런 도전을 자유롭게 시도할 수 있기 때문이라고 생각한다. 이처럼 주도적으로 선입견이나 고정관념을 벗어버린 채 집요하게 도전하고 추구하는 구성원들이 많은 조직은 그만큼 창조라는 게임에서 성공할 가능성이 높다.

창조력을 끌어내기 위해 조직이 해야 할 일

그렇다면 사람이 창조경영을 결정하는 요인이란 면에서 조직은 구성원의 어떤 면에 주목해야 할까? 우선 특정 프로젝트를 성공시키기 위해 집중적인 노력을 해야 하지만, 새로운 발상과 도전을 즐기는 인재를 어떻게 길러낼 것인가에 초점을 맞추어야 한다. 이를 위해서 조직은 창조적 인재의 주요 공통점에 대해 관심을 기울여야 한다. 먼 곳에서 사례를 찾을 필요는 없다. 조직 내부의 어느 부서를 가더라도 그동안 창의적인 발상으로 조직의 성과 창출에 크게 기여한 인재들이 있게 마련이다.

창조경영을 주도하는 부서에서 창조적인 활동을 통해 높은 성과를 올린 사람들의 공통점이 무엇인지 꼼꼼히 정리해보라. 이것을 하나의 독립적인 프로젝트로 진행한다. 이렇게 찾아낸 공통점을 많은 구성원들이 공유할 수 있도록 한다. '창조적 인재의 공통점'에 대한 정보를 제공하고, 이를 조직 구성원들이 인식한 다음 스스로 자기 자신을 개선할 수 있도록 돕는 것이다.

여기서 한 걸음 더 나아가 창조적 인재와 반대의 위치에 있는 사람들, 즉 '비창조적 인재의 공통점'을 찾아보는 것도 도움이 될 것이다. 두 가지 정보를 구성원들에게 동시에 제공하면, 조직 구성원들은 자기 자신을 어떻게 변화시켜나가야 할지 생각해보고 그 방법을 찾는 데 많은 도움을 받을 수 있다.

창의력 분야의 한 전문가는 '창조적 인재의 공통점'으로 다음의 8가지를 소개하고 있다. 이와 같이 여러분의 조직 특성과 업종 특성에 맞는 공통점을 끌어내보자.

1. 동기 : 나는 인생에서 무엇을 원하는가? 어떤 사람으로 기억되고 싶은가?
2. 호기심 : 나는 흥미를 느끼는 것이 있으면 시간을 내어 그것을 따라가는가? 흥미를 자극하는 것들에 대해 매일 배우고 있는가? 매일 즐겁게 보내고 있는가? 그 즐거움에 만족하는가, 아니면 아쉬움을 느끼는가? 단지 다른 사람이 하기 때문에, 또는 다른 사람이 시키니까 일을 하고 있는가?
3. 두려움과 스트레스 : 아직 설익은 아이디어라 해도 다른 사람들에게 이야기할 수 있는가? 주위 사람들의 생각과 다른 의견을 당당히 표현할 수 있는가?
4. 연결 파괴 : 뭔가가 생각했던 것과 다르게 움직일 때 그것을 수용할 수 있

는가? 중요한 문제에서 자신이 틀렸다는 사실을 인정할 수 있는가? 환상을 받아들일 수 있는가? 엉뚱해질 수 있는가? 뭔가가 이해되지 않을 때 느껴지는 불확실한 상태를 견딜 수 있는가?

5. 연결 수립 : 자신이 생각해낸 것이든 남이 생각해낸 것이든 새로운 아이디어를 좋아하는가? 스스로 생각해낸 아이디어가 마음에 드는가? 새롭고 재미있는 아이디어에 즐거워할 수 있는가? 지금 당장 주어진 문제나 기회에 관해 우스꽝스러운 아이디어 다섯 가지를 생각해낼 수 있는가?

6. 창의적인 평가능력 : 새로운 아이디어가 지닌 가치를 볼 수 있는가? 어떤 아이디어가 일부는 흥미롭고 일부는 훌륭하고 일부는 문제가 있다는 것을 볼 수 있는가? 아이디어는 메뉴처럼 변할 수 있고, 옷처럼 다양할 수 있고, 찰흙처럼 빚어질 수 있는 것이라고 생각하는가? 실효성 없는 아이디어라 해도 흥미를 가질 수 있는가?

7. 자신감 : 시간이 걸리더라도 결국은 어떤 문제나 기회에 대한 답을 찾을 수 있다고 생각하는가? 다른 사람들의 아이디어에 귀를 기울이고, 마음에 드는 아이디어는 이용하고, 문제가 있는 아이디어는 보완할 수 있는가?

8. 혁신능력 : 당신의 아이디어가 훌륭하고, 충분히 노력한다면 다른 사람들이 그 아이디어를 인정하고 있는가? 다른 사람들의 도움을 받을 수 있다면 어느 정도까지 타협할 수 있는가? 나에게 중요한 것을 결국 이루어낼 수 있다고 느끼는가?

++제프 모지(Jeff Mauzy) · 리처드 해리먼(Richard Harriman), 『창의력 주식회사』, pp. 59~62

한편 사람이란 측면에서 창조적 조직을 만들기 위해서는 적재적소에 인재를 배치할 수 있어야 한다. 한 사람이 모든 일을 잘 할 수는 없다. 사람들은 저마다 재능이 다르기 때문에 각각 다른 업무에 적합한 능력을 갖고 있다. 조직 차원에서 구성원들을 자신의 장점을 한껏 발휘할 수 있는 분야에 배치한다면 창조경영을 향한 두 번째 작업이 제대로 이루어질 수 있다.

특히 창조적인 발상과 기존의 틀을 뛰어넘어야 성공할 수 있는 프로젝트에서는 재능 있는 인재를 적절하게 배치하는 일이 무엇보다도 중요하다. 인사권을 갖고 있는 사람이라면 두 번 세 번 자신에게 묻고 확인해 봐야 한다. '그는 정말 적임자인가?' '그는 이 프로젝트에서 창의적인 일을 수행하는 데 부족함이 없는 사람인가?' 하고 말이다.

다음으로 구성원 스스로 자신이 하는 일에 대한 확신을 가지는 과정이 필요하다. 사람은 물질적 보상이 주어질 때만 무엇인가를 열심히 하겠다고 결심하는 것은 아니다. 물론 사후에 적절한 물질적인 보상이 주어져야 하지만 무엇인가를 추구할 때는 사전에 물질과 관계없이 스스로에게 이런 질문을 던지게 된다.

'과연 이 프로젝트가 내가 갖고 있는 에너지를 전부 쏟아부을 만큼 가치 있는 일인가, 혹은 의미 있는 일인가?' 이런 질문에 대해 명확하게 답이 정리될 때만이 특정 주제에 몰입할 수 있다. 이는 마치 자기 자신과 새로운 계약관계를 맺는 것과 같다. 이처럼 심적으로 스스로에게 다짐하는 과정이 반드시 필요하다.

여기서 조직이 큰 역할을 할 수 있다. 이제까지 창조란 개인이나 팀이 알아서 주도하는 것이지 조직 차원에서 지원할 수 있는 여지는 별로 없다고 여겨왔다. 그러나 창조가 당신의 성장이나 조직의 성장 차원에서 매우 중요하다는 점을 강하게 인식한다면 그만큼 몰입이나 헌신의 가능성이 높아진다고 할 수 있다. 때문에 사람이란 차원에서 창조경영이 세 번째로 주목해야 할 점은 조직 구성원 개개인이 자신이 하는 일의 가치와 의미를 확실히 깨우치도록 돕는 것이다.

승부근성을 자극하라

승부근성에 불을 지르는 방법도 있다. 인간이란 누구나 잘 되고 싶고 경쟁자를 무찌르고 싶어하는 승부근성이 있다. 오랜 라이벌을 상기시키는 것도 좋은 방법이다. 사람은 본래 유희나 게임을 즐기는 사회적 동물이다. 이런 점에서 창조를 일종의 게임처럼 여길 수도 있다.

어떤 프로젝트라도 목표와 마감시간이 있고 경쟁 업체가 있게 마련이다. 자신만의 적을 만들고 프로젝트를 그 적을 무찌르는 게임으로 받아들일 수 있다면 큰 효과를 거둘 수 있을 것이다. 다시 말하면 사람이란 면에서 창조경영이 주목해야 할 네 번째 요소는 경쟁자를 확실히 부각시킴으로써 창조적 프로젝트에 게임의 요소를 도입하는 것이다. 이성이나 논리만으로 사람을 움직일 수는 없다. 사람에게는 건설적인 분노가 행동의 강력한 원동력이 되는 경우가 많다. 이런 점에서 라이벌의 존재는 선의의 경쟁을 펼치는 데 매우 중요한 요인이다.

끝으로 많은 기업에서 창조란 특별한 사람만이 해낼 수 있는 일이고 우연적인 요소가 많기 때문에 사람들에게 가르칠 수 있는 일이 아니라고 생각하는 경향이 있다. 따라서 어느 조직에서도 창조하는 방법에 대한 교육은 흔치 않다. 그러나 창조란 얼마든지 배울 수 있다. 창조에 성공한 사례를 철두철미하게 분석해봄으로써 스스로 창조할 수 있는 방법을 배울 수 있다. 창조하는 방법은 읽기와 쓰기를 배우는 것처럼 충분히 배움의 대상이 될 수 있는 지식이다.

창조하는 능력은 아무런 관련이 없어 보이는 문제들 사이에 연결관계를 만들어내는 능력, 즉 '확산적 사고(divergent thinking)'와 깊은 관련이 있다. 모두가 이 분야에서 천재가 될 수는 없지만, 기존의 연구나 경험을 통해서 일정 수준 이상으로 발전시킬 수 있다. 이런 점에서 창조하는 방법을 배우고 익힘으로써 조직 내부에서 창조를 주도하는 많은 인재를 배출하는 일이 반드시 필요하다.

02_
창조로의 도약, 결정적인 핵심은 리더

 모든 일에는 순서가 있듯이 어느 날 갑자기 창조가 활성화될 수는 없다. 조직의 모든 곳에서 개선과 혁신이 생활화되어 구성원들이 스스로 해낼 수 있다는 자신감을 갖는 것이 중요하다. 그러나 개선과 혁신이 빈번하게 이루어진다고 해도 그 다음의 가장 높은 단계인 창조로 자동 연결되는 것은 아니다. 왜냐하면 창조는 기존의 개선이나 혁신과 달리 '획기적인' 변화를 필요로 하기 때문이다. 더욱이 그런 변화에는 다른 어떤 것보다 중요한 사람의 변화가 먼저 일어나야 한다.
 때문에 조직의 모든 변화과정에서 리더의 역할이 중요한 것처럼 창조경영에서도 리더는 성공의 결정적인 요인이라 할 수 있다. 리더가 창조에 대해 어떤 생각을 갖고 있는지, 어떤 태도로 대하는지, 그리고 조직구성원들을 어떻게 창조경영에 동참시킬 수 있을지가 중요하다.

창조경영의 필요성을 절감하는가

리더가 스스로 '창조가 활성화되면 좋겠지만 지금 정도로도 충분하다'라고 생각하고 있다면, 굳이 위험이 따르는 창조경영을 경영의 중심에 둘 필요는 없을 것이다. 때문에 중요한 것은 리더가 창조경영의 필요성을 어느 정도 절감하고 있는가 하는 점이다.

조직을 지금보다 크게 도약시키기를 원한다면 지속적인 개선이나 존속적 혁신만으로는 충분하지 않다는 것을 어느 리더든 잘 알고 있을 것이다. 하지만 개선이나 존속적 혁신만으로도 일정 기간 동안 괜찮은 경영성과를 만들어낼 수는 있다. 특히 전문 경영인의 경우 특별한 소명의식이 없다면 자신의 재임기간 동안의 성과에만 관심을 가질 수밖에 없기 때문에 창조경영의 필요성에 대해 모두가 공감하지는 않을 것이다.

기존의 주력 상품이나 서비스는 필연적으로 레드오션으로 바뀌고, 이런 과정에서 당장은 수익을 낼 수 있지만 가까운 시일 안에 주력 상품이나 서비스가 얼마든지 위협받을 수 있다. 이런 사실을 심각하게 걱정하지 않는 리더라면 창조경영을 경영전략의 중심으로 삼지는 않을 것이다.

리더 역시 인간인지라 자신의 이해관계에 민감하게 반응한다. 창조경영으로 인해 자신이 지나치게 큰 리스크를 떠안아야 한다면, 아무래도 안전에 더 큰 비중을 두고 싶어할 것이다. 때문에 우리나라의 경우 조직의 중장기적인 비전과 관련해서 지배주주의 역할이 매우 중요한 부분을 차지한다.

경험으로 미루어 보면, 리더들이 철저하게 위기감을 느끼지 않는 한 창조경영의 성공을 기대하기란 어렵다. 1993년 삼성의 '신경영' 선언을 전후하여 이건희 회장이 자신이 느낀 위기감을 솔직한 글로 표현한 적이 있다. 과연 이 정도의 위기감을 오너가 아닌 최고경영자와 임원들이 공유할 수 있을까 하는 생각이 든다.

1987년에 회장에 취임하고 나니 막막하기만 했다. 79년에 부회장이 된 이후 경영에 부분적으로 관여해왔지만, 그때는 '선친'이라는 든든한 울타리가 있었다. 이제는 내가 모든 걸 짊어져야 하는데, 세계 경제는 저성장의 기미가 보이고 있었고 국내 경제는 3저 호황 뒤의 그늘이 짙게 드리우고 있었다.
이런 상황인데도 삼성 내부에는 긴장감이 없고 '내가 제일이다'라는 착각에서 벗어나지 못하고 있었다. 조직 전체에 위기의식을 불어넣는 것이 필요했다. 이듬해 제2창업을 선언하고 '변화와 개혁'을 강조했다. 매년 초에 열리는 경영자 세미나에 참석해서 위기의식을 갖자고 수없이 얘기했다.
그러나 몇 년이 지나도 달라지는 것이 없었다. 50년 동안 굳어진 체질이 너무도 단단했다. 경영자들은 변하지 않고 회사간, 부서간 이기주의는 눈에 보일 정도가 되어 소모적 경쟁을 부채질하고 있었다. 이런 삼성의 현실과 세기말적 변화에 대한 위기감에 등골이 오싹해질 때가 많았다.
특히 92년 여름부터 겨울까지 나는 불면증에 시달렸다. 이대로 가다가는 사업 한두 개를 잃는 것이 아니라 삼성 전체가 사그라들 것 같은 절박한 심정이었다. 그때는 하루 네 시간 넘게 자본 적이 없다. 불고기를 3인분은 먹어야 직성이 풀리는 대식가인 내가 식욕이 떨어져서 하루 한 끼를 간신히 먹을 정도였다. 그 해에 체중이 10킬로그램 이상 줄었다.
++이건희, 『이건희 에세이』, pp. 56~57

미래를 준비하는 마음과 창조경영은 깊은 관련이 있다. 그것도 미래를 준비하면 단순히 좋은 정도에 머무르는 것이 아니라, 창조경영이 이루어지지 않는다면 과거의 성공이 가져다준 결과물은 바닥나고 조직이 가까운 장래에 위험에 처할 수도 있다. 그런 비장함이 있을 때만이 창조경영이 제대로 이루어질 수 있다. 이런 점에서 리더 스스로 자신의 조직이 갖고 있는 현재의 경쟁력을 객관적으로 진단하고 조직의 미래에 대해 강한 위기감을 갖고 있어야 한다.

따라서 리더라는 측면에서 창조경영이 주목해야 할 첫 번째 요인은 '개선이나 존속적 혁신만으로는 더 이상 기업의 생존이 보장될 수 없다'는 믿음을 리더가 갖는 것이다. 만일 리더의 자리에 있는 전문 경영인이 단기적인 시각을 갖고 있다면 이는 쉽지 않은 일이다. 리더는 중장기적으로 조직의 생존과 성장에 대해 깊이 고민해야 한다. 중장기적으로 회사의 생존과 성장에 헌신하지 않는 전문 경영자라면 이런 마음을 갖기가 어렵다.

위에서 이건희 회장이 지적한 내용은 상대적으로 조직관리가 엄격한 삼성그룹조차도 리더들에게 위기의식을 갖게 하기가 얼마나 힘들었는가를 보여주는 사례이다.

창조에 성공한 경험이 있는 자를 선택하라

한편 리더가 조직 구성원들을 어떻게 생각하는가 하는 점도 챙겨봐야 한다. 리더가 드러내놓고 이야기하진 않지만 마음속으로 조직의 구성원들에 대해 갖고 있는 나름의 판단을 말한다. 이를테면 리더가 자신의 조직 구성원들이 개선하는 데 익숙하여 이따금 혁신적인 부분까지 도달할 수 있지만 창조를 주도하기에는 능력 면에서 무리가 있다고 믿는다면, 조직 구성원들을 창조의 단계에까지 이르도록 할 수는 없을 것이다.

부하와 상사의 관계에서 흔히 관찰할 수 있듯이 부하에 대해 갖고 있는 상사의 믿음은 창조경영에서도 중요한 부분이다. 과연 리더가 조직원 개개인이 자신의 역량을 한껏 발휘한다면 누구든지 창조에 기여할 수 있을 것이라는 믿음을 갖고 있는가 하는 점이다. 리더 자신이 어떻게 하는가에 따라 부하들이 창조경영을 수행할 수 있을지 없을지가 결정된다고 생각하는 점이 중요하다. 즉 '창조경영의 중요한 걸림돌은 구성원이 아니라 자신에게 있다'는 점이다.

리더는 자신이 이제까지 걸어온 길을 스스로 들여다보는 과정을 통해 창조의 경험이 어느 정도 있는가를 알 수 있다. 또한 리더가 갖고 있는 인간의 능력에 대한 믿음에 따라 자신을 바라보는 것은 곧바로 구성원들을 바라보는 것으로 연결될 수 있다. 실제로 리더 자신이 사원부터 시작해서 창조에 필적할 만한 성공체험을 꾸준히 쌓아온 사람이라면 누가 뭐라 해도 창조에 대해 굳건한 믿음을 갖고 있다. 창조하지 못하는 것은 비정상적이라고 생각하기 때문에 조직 구성원들이 끊임없이 창조에 헌신하도록 격려하고 자극을 준다.

하지만 리더 스스로가 그런 대단한 경험을 해보지 않았다면 이제까지 특별한 성과를 내지 못한 조직 구성원들이 창조적 결과물을 낼 수 있다는 믿음을 가질 수 없다. 이런 면에서 보면 리더는 자신이 가진 경험의 한계를 크게 벗어날 수 없다. 따라서 그동안 걸어온 길을 통해 신화라고 부를 만한 창조경험을 가진 경영자를 선택하는 것은 창조경영의 중요한 요인이라고 할 수 있다.

리더라는 측면에서 보면 창조경영의 두 번째 요인은 스스로 창조한 경험이 있는 리더를 선택하는 것이다. 창조경영에는 '지금보다 훨씬 척박한 상황에서 해냈으니까 당신들도 충분히 해낼 수 있다'는 믿음을 가진 리더가 반드시 필요하다는 말이다.

물론 창조경험을 가진 리더 가운데는 과거의 경험에 지나치게 매몰된 나머지 새로운 환경에서 창조를 만들어내는 데 실패하는 경우도 있다. 과거의 경험이 득이 되는 경우도 있지만 실이 되는 경우도 있다는 말이다. 이런 점에서 보면 리더 스스로 과거의 경험에 대해 끊임없이 조정하고 파괴해나가는 능력을 갖고 있어야 하고, 리더의 경험 자체가 실패의 원인이 될 수도 있으므로 주의해야 한다.

치어리더가 되어야 한다

한편 대부분의 조직에서 관찰할 수 있는 현상은 구성원들 스스로 이룰 수 있는 최고치에 대한 기대수준을 낮게 잡고 있다는 점이다. '내가 할 수 있는 최고치는 이 정도밖에 되지 않아'라고 생각하는 사람들이 의외로 많다. 구성원들의 자신에 대한 기대수준을 어떻게 하면 더 높일 수 있을까 하는 문제도 조직의 리더에게 주어지는 과제라고 할 수 있다.

이런 점에서 창조경영을 이끄는 리더의 중요한 능력 가운데 하나는

'치어리더'로서의 역할이다. "당신들은 더 잘 할 수 있어. 당신들이 해낸 것은 일부에 불과해"라는 말로써 조직 구성원들이 갖는 기대수준을 끌어올릴 수 있어야 한다. 다시 말하면 창조에 대해 조직 구성원들을 독려하는 능력이 필요하다.

구성원들이 '이 정도밖에 할 수 없어'라는 심리적 장벽을 뛰어넘어야만 창조가 가능하다. 물론 여러 번의 창조경험이 축적되면 이런 심리적인 장애물은 자연스럽게 허물어진다. 창조경험이 또 다른 창조경험을 낳는 일종의 선순환 과정을 만들어내는 단계까지 도달하기 위해 반드시 필요한 것은 심리적 장벽을 넘어서는 일이다.

이런 면에서 보면 리더가 직접 현장을 찾아서 격려하고 자신감을 불어넣는 일도 도움이 될 것이다. 또한 창조에 성공한 리더의 개인적인 경험이나 다양한 사례들을 이야기로 만들어 들려주는 것도 도움이 될 것이다. 작은 성공경험이라도 개인 차원에서 혹은 조직 차원에서 하나하나 축적해가는 것이 무엇보다 중요하다. 따라서 리더 차원에서 창조경영의 세 번째 요인은 구성원들에게 창조의 가능성에 대한 믿음과 열정을 불어넣어 '내가 창조의 주역이 될 수 있다'는 확신을 심어주는 일이다.

창조의 방향을 제시할 수 있어야 한다

끝으로 창조적인 조직이 되려면 리더가 미래에 대한 직관과 통찰력을 갖고 있어야 한다. 창조가 이루어질 가능성이 높은 분야에 대한 언급이나 조언이 활발하게 이루어진다면 창조활동이 좀더 효과적으로 진행될 수 있다. 일종의 조언이나 훈수라고 보면 된다. 지나치게 에너지가 분산되고 관심영역이 확산되는 것을 피하고, 창조의 결과물을 원활하게 만들어 낼 수 있는 방법이다. 리더라는 면에서 창조경영의 네 번째 요인은 창조의 대체적인 윤곽이나 방향을 제시할 수 있는 리더의 지적 능력을 들 수 있다.

03_
창조적 인재를 위한 보상 시스템

사람의 본성은 거의 변함이 없다. 지난 세기 동안 인간의 본성을 바꾸려는 집요한 시도가 있었지만 모두 쓸모없는 시도로 끝나고 말았다. 물론 아직까지 인간의 본성을 거스르는 사회적 실험을 시도하려는 사람들도 있지만, 지난 한 세기의 교훈만으로도 충분하다.

그렇다면 인간의 본성을 개조하거나 인간 본성을 거스르는 다양한 노력들이 오늘의 우리에게 주는 교훈은 어떤 것일까? 인간은 아주 예외적인 경우를 제외하면 대부분 자신의 이익에 충실하게 행동하는 존재라는 사실이다. 그리고 인간은 자신의 행동에 대해 개인적으로 책임을 지는 것이 아니라 모두가 함께 책임을 지는 경우에는 무책임하게 행동하기 쉽다는 점이다.

이처럼 인간에 대해 거부할 수 없는 진실은 창조경영을 위한 바람직한 시스템은 무엇인가에 대한 답을 찾을 때도 도움이 된다.

물질적인 보상제도를 마련하라

창조를 주도하는 데 처음부터 물질적인 인센티브가 결정적인 역할을 한다고는 할 수 없다. 앞에서 이미 지적한 바와 같이 경쟁자를 누르고 싶다는 심리, 소명감과 즐거움 등과 같은 비물질적인 요인들도 어느 정도 역할을 담당한다. 때문에 초기 단계에서 창조를 만들어내는 요소는 물질적인 것이 전부가 아니라는 것만은 확실하다. 그러나 창조가 반복되면서 창조에 성공한 개인이나 그룹과 창조에 소극적이거나 성공하지 못한 개인이나 그룹 사이에 뚜렷한 보상의 차이가 주어지지 않는다면 지속적인 창조를 이끌어내기가 어려워진다.

인간 본성의 매우 중요한 요소 가운데 하나는 '사람이란 대가를 바라는 존재'라는 사실이다. 신앙이나 봉사조직에서는 대가를 바라지 않는 사람들의 행동을 흔히 관찰할 수 있다. 그러나 이익활동을 하는 조직에서 대가를 바라지 않고 계속해서 분발하는 것은 어려운 일이다. 물론 그 가능성이 완전히 없는 것은 아니지만 우리가 관심을 갖는 부분은 이익활동을 하는 조직의 구성원에 대한 이야기이다.

때문에 창조에 성공하여 조직에 상당한 이익을 남긴 사람들에게는 두 가지 시스템이 필요하다. 성과에 대해 물질적인 보상이 확실히 주어져야 한다. 성과를 최대한 정확하게 측정하고 그에 따라 정확하게 이익을 분배하는 공식적인 제도가 필요하다. 어느 조직이든 초기 단계에서는 구성원들 사이에 이해관계가 다르기 때문에 불만이 생길 수도 있고 공감을 얻기도 힘들다. 하지만 시행 횟수를 더해갈수록 문제점을 수정 보완하고 정교함을 더하면 최상의 보상 시스템을 만들어낼 수 있다. 시스템과 관련해서 창조경영의 첫 번째 성공요인은 제대로 된 물질적인 보상제도를 마련하는 것이다.

존경을 표하는 시스템을 마련하라

또 다른 보상은 물질적인 것 이외에 승진, 승급, 상패 수여, 특별한 호칭 부여 등이 될 수 있다. 인간이란 물질 이외의 상징적인 보상에 대해서도 반응한다. 따라서 타인으로부터 인정받고 싶은 인간의 욕망을 충분히 고려하는 제도를 마련해야 한다. 어떤 경우든 인간은 자기 자신과 다른 사람들을 차별화하고 싶어한다. 이는 개인뿐만 아니라 그룹 단위로도 적용된다. 강제로 형평을 유지하려는 대부분의 시도가 실패할 수밖에 없는 이유는 인간의 근원적인 행동 동기를 무시했기 때문이라 할 수 있다.

인간은 차별화에 대한 욕망을 지울 수 없다. 창조를 주도하는 사람들도 마찬가지일 것이다. 오히려 그들은 '뭔가 확실한 것을 보여주고 싶다'는 욕망이 다른 사람들보다 강한 경우가 많다. 창조를 이룬 사람에 대해 공식적으로 승진이나 상패, 특별한 칭호를 부여하는 것은 그들의 노고를 한껏 칭찬해주는 일종의 의식이다.

이런 의식이나 의례가 불필요하다고 주장하는 사람들이 있을지 모르지만 숙제를 마친 초등학교 저학년 아이들이 선생님이 준 조그만 '칭찬 스티커'에 기뻐하는 모습을 상상해보라. 물질적으로는 아무런 가치가 없지만 인정받는다는 것에 의미를 부여하기 때문이다. 창조에 대한 대가로 상패나 특별한 칭호를 받는 것 역시 조직이 인정을 해준다는 뜻이다. 창조에 대한 비물질적인 보상이 필요한 이유는 이미 평생 풍족하게 쓰고도 남을 정도의 부를 축적한 사람이 계속해서 돈을 벌기 위해 노력하는 것에서도 답을 찾을 수 있다.

높은 지위가 주는 유익은 물질적 부에 한정되지 않는다. 부자들 가운데는 다섯 세대가 써도 남을 만큼 돈을 축적해도 만족할 줄 모르고 계속 모으는 사람이 많은데, 이것은 놀랄 일이 아니다. 부의 창조를 경제적인 이유만 가지고 설명하려 할 때에만 그들의 노력이 이상해 보일 뿐이다. 그들은 돈만큼이나 돈을 모으는 과정에서 파생되는 존경을 추구한다. 탐미주의자나 쾌락주의자가 되겠다는 사람은 거의 없다. 그러나 존엄은 거의 모두가 갈망한다. 만일 미래 사회가 조그만 플라스틱 원반을 모으는 대가로 사랑을 제공한다면, 우리는 오래지 않아 그 아무짝에도 쓸모없는 물건으로 인해 열렬한 갈망을 느끼기도 하고 불안에 떨기도 할 것이다.

++알랭 드 보통(Alain de Botton), 『불안』, p. 17

부를 모으는 사람 대신 창조하는 사람이라는 단어를 넣어도 위의 이야기는 성립된다. 시스템과 관련해서 창조경영의 두 번째 성공요인은 조직이 창조에 성공한 사람들에게 존경을 표하는 시스템을 마련해야 한다는 것이다. 인간이란 물질뿐만 아니라 존경이나 인정과 같은 비물질적인 보상에 반응하는 존재임을 다시 한 번 기억해야 한다.

창조적인 인재를 보호하라

한편 시스템이란 측면에서 창조경영의 세 번째 성공요인은 조직이 창조적 인물을 보호하는 제도를 마련하는 것이다. 일단 조직에서 유능한 인재라는 판단이 들면 업무가 집중되는 경향이 있다. 특별한 주의를 기울이거나 창조적인 인재를 보호하기 위해 지속적인 노력과 관심을 기울이지 않으면 뛰어난 인재들이 창조 이외의 활동에 에너지와 시간을 낭비하게 된다. 특히 단기적인 성과에 관심을 가질 수밖에 없는 단위조직의 리더 입장에서는 조직의 궁극적인 목표보다 눈앞의 이익에 연연해할 가능성이 높고, 이런 문제 때문에 창조적인 활동을 주도하는 인재를 혹사시킬 가능성이 높다.

1990년에 ㈜와이큐브를 창업해 벤처기업을 대상으로 채용 컨설팅 사업을 활발하게 벌이고 있는 야스다 요시오는 창조적인 인재를 보호하는 방법에 대해 이렇게 조언하고 있다.

만약 당신이 최고경영자이며 회사의 실적을 비약적으로 높이고 싶다면 우수한 인재에게 너무 많은 일을 시켜서는 안 된다. 우수한 인재가 지나치게 많은 업무를 맡다 보면 그 사람이 지니고 있는 가장 소중한 능력을 발휘할 기회가 줄어들기 때문이다. 여기서 가장 소중한 능력이란 '새로운 것을 창출해내는 능력'을 말한다.

평범한 사람에게 쉬는 시간은 말 그대로 '쉬는 시간'일 뿐이다. 하지만 우수한 사람은 쉬는 시간이 되면 의식적으로 혹은 무의식적으로 뭔가 생산적인 일을 한다. 그는 그 시간을 '생각하는 시간'으로 활용하며 반드시 새로운 것을 창출해낸다.

그것은 업무개선에 관한 새로운 방식일 수도 있고, 획기적인 신상품일 수도 있고, 업무효율을 증진시키는 시스템의 개발일 수도 있고, 기존에 없었던 혁신적인 비즈니스 모델일 수도 있다.

우수한 인재에게 '자유로운 시간'을 주는 것만큼 효율적인 전략은 없다. 그들은 쉬는 시간을 충분히 주는 만큼 분명 새로운 아이디어를 만들어낼 것이다.

++야스다 요시오(安田佳生), 『만 원짜리는 줍지 마라』, pp. 140~141

　　인치(人治)란 항상 자의적으로 운영될 가능성이 있다. 다시 말하면 상식선에서 창의적인 인재를 보호하기 위해 노력한다는 것은 성공하기 힘들다. 사람이 바뀔 때마다 다른 조치가 행해질 수 있기 때문이다. 창조에 뛰어난 인재에게 창조와 관련된 업무가 주어지고, 이들이 조직을 위해 계속적으로 이익을 만들어낼 수 있도록 특별한 직책을 만들어야 한다. 이들에게 생각할 수 있는 여유와 시간을 충분히 제공하고, 가능한 한 행정적인 업무부담을 덜어주어야 한다.

　　경험으로 미루어 보면 조직을 관리해서 좋은 성과를 내놓는 능력, 즉 관리자로서의 능력과 창조하는 능력은 뚜렷한 차이가 있다. 두 가지 일을 모두 잘 하는 사람도 있겠지만 성격상 뚜렷한 차이가 있다고 본다. 따라서 입사 이후 일정한 시간이 지난 다음부터는 서로 다른 경력을 관리할 수 있는 제도가 마련되어야 한다.

　　창조적인 능력을 가진 인재가 승진과 더불어 많은 사람들을 관리하고 함께 성과를 내야 하는 업무를 하는 과정에서 자신이 가진 능력을 소진

해버리고 무능한 인물로 전락하는 과정을 여러 번 지켜보았다. 창조에 특별히 능력이 있는 사람들은 일반 임직원들과는 다른 코스를 따라서 자신의 경력을 관리해나갈 수 있는 제도가 마련되어야 한다.

창조적인 인재가 모인 팀을 구축하라

또한 창조과정을 면밀히 살펴보면 천재적인 영감에 의존하는 면도 있지만, 고객을 상대하는 상품이나 서비스의 경우에는 팀워크를 통해 만들어지는 경우가 많다. 때문에 창의적인 발상이나 아이디어를 가진 다양한 출신이나 전공 분야의 인재들이 한 장소에서 집중적으로 의견을 교환할 수 있는 창조의 장을 만드는 것도 한 가지 방법이 될 수 있다. 따라서 시스템이란 면에서 창조경영의 네 번째 성공요인은 유능한 인재들 사이에 아이디어의 조합이 원활하게 일어날 수 있는 물리적인 장소나 팀의 구축 등과 같은 노력을 들 수 있다.

각자가 사물이나 현상을 바라보는 시각이 다르기 때문에 서로의 시각이 보완되고 재조합되는 과정에서 창조가 이루어질 가능성이 높다. 조직이 일정 규모 이상이면 파격적인 발상을 직접 테스트하면서 아이디어를 만들어내는 팀이나 연구소를 별도의 조직으로 운영할 수도 있고, 프로젝트를 기준으로 임시 조직을 구성할 수도 있을 것이다.

미국 팰러앨토에 위치한 디자인 기업 IDEO사의 설립자 겸 회장인 톰 켈리는 자신이 세운 조직이 디자인 면에서 혁신의 산실이 될 수 있는 중요한 이유 가운데 하나로 팀원 구성을 들고 있다. 미적지근한 평범한 팀이 아니라 특정한 목표를 마감시간 내에 완료하기 위해 헌신하는 팀을 말하며, 그 차이에 대한 그의 언급은 의미 있는 교훈을 전해준다.

팀은 IDEO가 일하는 방식이다. 그것은 결코 우연이 아니다. 우리는 팀이 있기 때문에 비즈니스와 이노베이션이 가능하다고 믿는다. 대단한 프로젝트는 대단한 팀이 달성하는 것이다.

물론 밥그릇 수나 따지는 평범한 팀을 이야기하는 것은 아니다. 기업은 당연히 그룹과 팀워크에 의해 운영되지만, 이런 그룹들은 흔히 타성에서 빚어진 결과일 때가 많다. 몇 년 전에 조직된, 막연하게 정의된 광범위한 목적의 '영업위원회'가 그런 것이다. 이 위원회는 매월 한 번 회의를 열면서 어렵사리 굴러가고 있지만 그 위원들 중 누구도 "차라리 이런 조직은 해산해버리는 것이 나아요"라고 말할 용기도 없다. 이런 위원회식의 무기력한 그룹과 우리가 지금 말하려는 열정 팀은 유사점이 전혀 없다.

열정 팀은 뚜렷한 목표와 진지한 마감일을 앞에 놓고 일하기 시작한다. 열정 팀은 목표를 달성한 뒤에 해산하며, 다음 주에 또 다른 문제를 해결하기 위해 재조직된다. 미적지근한 그룹과 열정 팀은 어떻게 구분되는가? 그건 따분한 회계업무를 반복하는 일과 화끈한 MTV 비디오를 제작하는 일만큼이나 천양지차다. 열정 팀은 목적과 개성이 뚜렷하다.

++톰 켈리(Tom Kelley), 『유쾌한 이노베이션』, pp. 97~98

04_
자극과 도전을 주는 창조적 일터

영업을 하는 사람들을 제외하면 대부분의 직장인들은 업무공간에서 많은 시간을 보낸다. 그렇다면 조직 구성원들이 시간을 보내는 물리적 공간과 창조 사이의 상호관계를 생각해봐야 한다. 단순히 청결, 정리정돈, 통풍과 채광 수준이 아니라 조직의 구성원들이 업무환경에서 어떤 느낌이나 자극 혹은 도전을 받을 수 있는가 하는 점이다.

내가 매년 방문하는 사무실들은 거의 똑같다. 사무적이고 딱딱한 분위기로 구성원들에게 별다른 감흥을 주지 못하는 분위기이다. 물론 조직이란 일정한 규율과 지시, 그리고 통제가 기본이 되어야 하기 때문에 어느 정도 통일성을 갖추어야 한다.

하지만 사무실 환경을 개선하여 창조적인 활동이 활발하게 일어나도록 만들 수는 없을까 하는 의문이 떠오를 때가 있다. 창조경영에 성공하기를 원한다면 관심을 가져야 할 주제이다.

창조적인 사무실 환경을 만들어라

사무실 환경에 실제로 영향을 미칠 수 있는 윗사람들은 사무실 환경은 업무를 보는 데 불편함이 없을 정도면 충분하다고 생각하는 경우가 많다. 또한 지시와 통제, 그리고 감독하기 편리하게 사무실 공간이 배치되어 있는 것이 좋다고 생각하는 경향도 있다.

그러나 사무실 환경이 조직 구성원들의 창의적인 발상과 행동에 실제로 큰 영향을 미친다는 사실을 간과해서는 안 된다. 이에 대해 『일터의 사무실(Offices at Work)』이란 책을 집필한 프랭클린 베커(Franklin Becker)는 "모든 회사와 직원들은 구체적인 근무환경의 기획, 디자인, 관리 덕분에 더 일을 잘 하게 되거나 아니면 더 못 하게 된다"라고 말하기도 한다.

아름다운 건물이나 예술품을 보면 우리는 '아름답다'라는 말로 자신의 느낌이나 소감을 표현한다. 조각이나 그림, 건축물은 생명을 갖고 있진 않지만 보는 사람이나 듣는 사람의 마음에 기쁨, 환희, 열정, 안정감 등과 같은 심적 상태를 만들어낸다.

하지만 여러 사무실을 방문할 때마다 내가 느끼는 인상은 '황량하다', '천편일률적이다'라는 범주에서 벗어나지 못한다. 이런 곳에서 창의적인 발상이 나오기를 기대할 수 있을까? 물론 가능할 수도 있지만 그 가능성은 그다지 높지 않을 것이다. 무미건조한 환경에서 대부분의 시간을 보내야 한다면 특별한 사람을 제외하고는 사무실에 들어서는 순간부터 정형화된 생각과 행동에 익숙해질 테니까.

『이노베이터의 10가지 얼굴』을 집필한 톰 켈리는 우리가 주변에서 일상적으로 관찰할 수 있는 평범한 사무실 환경에 대해 다음과 같은 평가를 내리고 있다.

평범한 사무실 환경은 비즈니스 풍경의 일부가 되어 당신은 곧 그것을 의식하지 않게 된다. 비즈니스 전문가인 톰 피터스는 '딜버트빌' 혹은 '멍청함의 커다란 재앙'을 맹렬하게 비판한다. 그는 이렇게 말한다. "리셉션 구역에서 연구실에 이르기까지 황량한 풍경은 직원들의 정신을 파괴한다. 이런 환경에서 사람들이 웃고, 울고, 장난하고, 뭔가 흥미로운 어떤 것을 생산하리라고 기대하는 것은 불가능하다." 우리는 그의 말이 무슨 뜻인지 알고 또 그보다 나은 대안이 있다는 것도 알고 있다.

우리는 형편없는 사무실 공간을 보면 금방 알 수 있다. 그런데도 많은 회사들이 그런 공간을 계속 만들어내고 있다. 당신은 흑백 영화에서 똑같은 책상과 타이프라이터가 일렬로 배치되어 있는 톱니바퀴 같은 산업현장을 보았을 것이다. 당신은 "이것이 창의성과 이노베이션에는 별로 도움이 되지 않겠군"이라고 중얼거렸을 것이다. 그렇지만 세월이 바뀌어 21세기가 되었는데도 많은 사무직들이 칸막이로 둘러쳐진 칙칙하고 자그마한 공간에 갇혀서 우울하게 여덟 시간을 보내고 있다. 우리는 현재 컴퓨터, 휴대전화, 네트워크 프린터 등을 갖고 있는데도 불구하고 작업공간은 별로 변하지 않았다.

++톰 켈리 · 조너던 리트맨(Jonathan Littman), 『이노베이터의 10가지 얼굴』, p. 299

우리나라 조직의 사무실 환경도 톰 켈리가 지적한 것과 비슷하다. 한번은 세계 초일류 기업과 경쟁하는 회사를 방문한 적이 있다. 특히 이 회사의 경쟁력은 앞으로 디자인적인 요소에 의해 크게 좌우될 것으로 본다. 그 회사에서 만드는 상품은 더 이상 기능만으로는 우위에 설 수 없는 상황이다. 상품에 아름다움이란 요소를 더한다면 명품 브랜드로 탈바꿈할 수 있을 만큼 크게 성장한 회사이다. 그러나 입구에서 임직원들이 휴식을 취하고 손님들을 만나는 곳의 풍경은 회사에 대한 기대수준과는 크게 차이가 났다. 실무자들을 만나기 위해 기다리면서 '이런 환경에서 창의력이 생겨날 수 있을까? 과연 윗사람들은 조직 구성원들이 일하는 환경의 중요성을 알고나 있을까?' 하는 생각이 들었다.

최근에 방문했던 한 금융회사는 마케팅 분야에서 선풍적인 인기를 끌어 단시간에 후발주자의 약점을 극복하고 업계의 선두 그룹으로 우뚝 서서 주변 사람들을 놀라게 했다. 그 회사의 광고는 파격 그 자체이며, 사람들에게 흥분과 놀라움을 불러일으킬 정도로 신선하다.

그 회사를 방문한 자리에서 다른 회사와의 차이점을 여러 가지 찾을 수 있었지만 내 눈에 확연히 구분된 것은 물리적 공간이 다른 회사와 또렷하게 차이가 난다는 점이었다. 업무공간이 단순히 주어진 일을 하는 곳이 아니라 영감과 아이디어를 불러일으키는 곳이 되어야 한다는 경영자의 믿음이 곳곳에 배어 있었다. 내가 느낀 소감은 '재미있게 일하기 위해 회사의 물리적 공간도 바뀌어야 한다'는 점을 실천에 옮긴 경우였다. 재미있게 일을 해야 창조도 이루어질 수 있다. 방문해본 회사 가운데 물리적 공간에 대한 중요성을 말이 아니라 실천을 통해서 그토록 강조한 조직은 처음이었다.

일터라는 측면에서 창조경영의 성공에 필요한 첫 번째 요인은 구성원들이 일하는 물리적 환경이 대단히 중요하다는 점을 인식하는 것이다. 쉬운 일처럼 들릴지 모르지만 단순히 일하는 공간이라는 고정관념을 벗어날 때 가능한 일이다. 물리적 환경을 창조경영의 중요한 변수로 받아들여야 한다는 점이다.

다시 한 번 톰 켈리의 말을 인용하면, "당신의 사업분야가 무엇이든 계속해서 새로운 아이디어를 내놓아야 하고 그것을 현실로 변모시켜야 한다면 더 좋은 공간 마련을 사업공식의 한 부분으로 만들어라. 그것이 창의성에 기여하는 효과를 구체적으로 검증할 수 없다고 하여 그런 시도를 하지 않는다면, 변명에 지나지 않는다"는 점을 명심해야 한다. 창조경영의 결정 변수에 물리적 공간을 포함시켜야 한다.

생각을 바꾸는 것만으로는 충분하지 않다. 그 다음에 필요한 것은 실천에 옮기는 것이다. "우리의 근무환경은 창조적인 발상이 나올 수 있는 자극을 제공하는가? 부족하다면 변화를 만들어낼 수는 없는가?" 이런 질문에 대한 답을 찾아서 실행해야 한다. 조직을 움직이는 경영자라면 저렴한 비용으로, 편리함이란 기준으로 사무실 공간을 통제하면 된다는 생각을 버리고, 물리적 공간의 변화에 직접 자신의 의지를 나타내야 한다.

사무실 환경이 창조에 영향을 줄 수 있다고 인식하면 장소석 발상이 가능하도록 공간을 새롭게 창조할 수 있어야 한다. 이를 위해 경영자는 어느 정도의 비용을 들일 필요가 있다. 여기서 비용이란 투자수익률을 크게 올릴 수 있는 투자임에 틀림없다.

사무실 공간을 꾸밀 때도 자율성을 부여하라

창조적 공간에 대해 이야기하면 대개 나오는 답이 '돈이 많이 든다'는 것이다. 이것은 전적으로 관리자 중심으로 생각하기 때문이다. 전통적인 관리업무를 하는 곳은 전통적인 방식을 고수하더라도 연구개발, 마케팅, 디자인, 기획 등과 같은 부서만이라도 사무실 공간의 창조에 대해 팀이나 사업부 단위로 자율성을 줘보라. 아마도 저렴한 비용으로 멋진 공간을 창조할 수 있는 아이디어들이 쏟아져 나올 것이다. 그리고 모든 것은 변화를 필요로 하듯이 사무실 환경도 일정한 시간을 두고 변화시켜 나간다면 창조경영의 성공에 큰 몫을 담당하게 될 것이다.

톰 켈리는 아예 "가장 다채롭고 특징 있는 작업공간을 제시한 개인이나 팀에게 상을 준다고 하면서 콘테스트를 해보라"고 권하기도 한다. 결국 우선순위의 문제이다. 통제와 지시 중심으로 사무실 공간을 바라볼 것인가, 아니면 신선한 창조적 아이디어의 인큐베이터로 사무실 공간을 바라볼 것인가에 달려 있다.

일터라는 면에서 창조경영의 두 번째 성공요인은 사용하는 사람들에게 가능한 한 자율성을 많이 부여하라는 것이다. 아예 처음부터 일할 공간이 필요할 때마다 변화시킬 수 있도록 설계한다. 무미건조하고 똑같은 환경보다는 재미와 설렘, 흥분을 지속적으로 제공하는 공간이라면 당연히 그에 비례해서 창조의 성과물도 커질 것이다. 부서나 팀 단위로 의견을 모아서 사무실을 창조에 적합한 환경으로 꾸밀 수 있도록 자율성을 부여하라. 이렇게 하면 창조적인 사무실 환경을 조성하는 데도 팀이나 사업부 단위로 경쟁을 부추겨 멋진 아이디어를 발굴하고 실천할 수 있다.

아이디어 교류를 위한 공간을 만들어라

한편 물리적 공간은 개인의 영역과 협력의 영역이 적절히 배치되어 있어야 한다. 특히 창조는 사람들 사이에 정보와 아이디어가 교류될 수 있는가에 큰 영향을 받는다. 그렇다면 협력이 자연스럽게 이루어질 수 있는 공간을 만들어놓는 것은 중요한 요소이다. 일터라는 면에서 창조경영의 세 번째 성공요인은 아이디어의 교류가 원활히 이루어질 수 있는 협력의 영역을 어떻게 만드는가 하는 점이다. 아이디어가 어느 곳에서 활발하게 교환되는가, 이런 장소를 조직 내부에 어떻게 활성화할 수 있을까를 제대로 조사해서 실행에 옮겨야 한다.

화장실도 아이디어 창조의 공간이다

화장실도 중요한 물리적 환경이다. 사람들은 실제로 화장실에서 많은 아이디어를 만들어낸다. 그리고 화장실 환경의 개선은 구성원들에게 대접받고 있다는 인상을 심어준다.

구성원들이야말로 아이디어의 산실이라고 굳게 믿는 두 명의 사장님을 만난 적이 있다. 중소기업 규모에 불과하지만 그들의 공통점은 근무 공간이 창의적인 아이디어의 생성에 결정적인 역할을 한다고 믿는다는 것이다. 거의 호텔 수준으로 화장실을 꾸며두는 것은 조직원에 대한 배려이기도 하지만, 실상 그곳이 아이디어가 만들어지는 매우 중요한 장소라는 사실을 잘 알기 때문이다.

실제로 기업의 규모 면에서 보면 그들은 화장실에 그만한 자원을 투입할 수 없다. "화장실을 왜 이렇게 아름답게 치장하였습니까?"라는 나의 질문에 그 사장님은 "큰 투자는 아닙니다. 멋진 화장실을 이용하는 우리 직원 가운데 한 명이라도 제대로 된 아이디어 하나만 만들어내면 이런 정도의 투자는 얼마든지 더 할 수 있습니다. 투자분은 모두 빠지고 남거든요"라고 웃으면서 대답한다. 물론 그런 조직들은 비데, 조명, 청결도 등을 모두 고려하였음은 물론이다. 일터라는 면에서 창조경영의 네 번째 성공요인은 아름답고 우아하게 화장실을 정비하는 것이다.

배우는 멋진 연출가들이 만들어놓은 무대에서 자신의 기량을 한껏 뽐낸다. 우리는 흔히 사람이야말로 조직이 갖고 있는 최고의 재산이라고 말한다. 그리고 그들이야말로 조직이 만들어내는 부가가치의 주역이라고 강조한다. 그렇다면 그들이 실제로 신선한 발상을 떠올릴 수 있는 자극을 사무실 곳곳에서 받을 수 있는 환경인지 반드시 점검한다.

창조경영은 투자를 필요로 한다. 조직을 책임지고 있는 사람이라면, 구성원들이 일하는 공간이 창조에 대한 메시지를 지속적으로 보내고 있는지 생각해봐야 한다. 창조의 산실이 될 수 있는 환경인지, 그렇지 못하다면 무엇을 우선적으로 고쳐야 할지 생각해봐야 한다.

최고의 상품을 만들어내려면 최고의 상품을 사용해봐야 한다. 마찬가지로 최고의 상품을 만들어내려면 대부분의 시간을 보내는 장소 곳곳에서 최고를 느끼고 체험하고 보고 들을 수 있도록 환경을 고쳐가야 할 것이다.

끝으로 나의 경험을 소개하고자 한다. 나는 실제로 작업공간이 말을 한다는 느낌을 가질 때가 많다. 다시 말하면 인간은 일하는 공간에서 주변과 적절한 소통이 이루어진다는 말이다. 보는 것 자체가 자극임을 확인하게 되고, 느끼는 것 자체가 자극임을 깨우칠 때가 많다. 만지는 것 자체가 창조적 아이디어에 자극과 영감을 줄 때도 많다.

인간은 주변 환경을 바꿀 수 있는 주체지만 동시에 환경도 끊임없이 개인을 바꾼다. 사람이 환경을 만들지만, 그 환경은 반대로 사람을 만든다. 마치 '사람은 책을 만들고 책은 사람을 만든다'는 말처럼 물리적 공간은 창조를 만들어내는 데 큰 기여를 하는 중요한 요소이다. 창의적인 발상을 하는 데 그만큼 사무실 환경이 중요하다는 점을 잊지 말아야 한다. 창조경영에서 공간의 가치를 되새기라고 말하는 톰 켈리의 메시지는 여전히 귀 기울일 만하다.

이노베이션을 불러일으키고 성공을 거두려면, 우수한 인재를 뽑고 최고의 테크놀로지를 갖추는 것만으로는 충분하지 않다. 거기에 더하여 공간의 가치를 이해하고 중시하는 문화를 받아들여야 한다.

++톰 켈리, 『유쾌한 이노베이션』, p. 201

05_
쌍방향 커뮤니케이션의 정착

저렴한 원가와 뛰어난 품질이 기업 경쟁력에서 차지하는 비중이 높은 조직일수록 위계질서나 통제, 지시 위주의 커뮤니케이션이 높은 비중을 차지한다. 하지만 원가나 품질 경쟁력에 창조라는 부분이 더해지면, 조직 내에서 이루어지는 커뮤니케이션 성격도 변해야 한다. 지시와 통제 위주의 커뮤니케이션에 쌍방향 커뮤니케이션이 더해져야 한다.

커뮤니케이션을 촉진하는 공간을 마련하라

창조경영을 위해 필요한 것은 구성원들의 창조성을 끌어내는 것과, 창조성을 더욱 높이기 위해 상호작용을 원활하게 하는 것이다. 창조란 고독한 천재의 산물이 아니라, 기존의 지식을 조합해서 새로운 것을 만들어내는 과정에서 이루어진다. 때문에 아이디어의 결합이나 충돌이 자주 일어날 수 있는 환경이 조성되면 조직은 창조하는 능력을 극대화할 수 있다.

지난번에 방문한 정보통신 분야의 중견기업 사례를 들어보겠다. 50대 중반에 접어든 경영자는 젊은 직원들 사이의 활발한 상호작용이 사무실이나 회의실에서보다는 다른 층에서 일하는 사람들과 만나는 휴게실에서 주로 이루어진다는 사실에 주목했다. 다시 말하면 일을 하는 도중 잠시 휴식을 취하기 위해 음료수를 마시는 짧은 시간 동안의 만남에서 이루어진다는 것이다.

그래서 새 사옥을 신축할 때 우연한 접촉이 자주 이루어질 수 있는 방법을 적극적으로 검토했다. 일반적인 건물처럼 어두컴컴한 계단을 빌딩 내에 설치하는 것이 아니라 위층과 아래층을 연결하는 통로를 넓게 잡고 햇볕이 환하게 실내로 들어올 수 있도록 통로를 건물의 외관에 설치했다. 그리고 곳곳에 그림도 걸어두고 구성원들이 위층과 아래층 사이를 엘리베이터를 이용하기보다 걸어서 다니는 걸 즐기도록 조치했다.

이후 이 조직에서는 햇볕이 비치는 통로를 오가는 구성원들 사이에 아이디어의 교환이 평소보다 원활하게 이루어졌다. 물론 사무실 바깥에서 잡담을 나누는 시간도 늘어나는 경향이 있지만, 그보다는 아이디어의 활발한 교환이 가져오는 긍정적인 효과가 더 큰 비중을 차지한다. 이를 주도했던 경영자는 이런 이야기를 들려주었다.

우리 세대의 사람들만 하더라도 무엇인가를 열심히 하는 것에만 관심을 갖습니다. 그러나 새로운 것을 만들어내는 데는 사람들 사이에 자유로운 의견 교환이 매우 중요하다고 생각합니다. 그래서 젊은 직원들의 움직임을 관심 있게 살펴보았습니다. 의외로 음료수를 마시는 장소나 오고 가는 짧은 만남 동안 주고받는 대화가 무척 중요한 역할을 한다는 사실을 알아차렸습니다. 그래서 아예 신축건물을 지을 때 이를 설계에 반영했지요. 물론 오랫동안 조직생활을 해온 임원들 가운데는 반대도 많았습니다.

아직 그 결과를 속단하기는 어렵습니다. 하지만 저는 활발한 커뮤니케이션을 위한 공간이 여전히 중요하다고 생각합니다. 신축건물로 옮긴 지 얼마 되지 않았지만 저의 판단이 옳았다고 생각합니다. 사적인 접촉이 아이디어 만들기뿐만 아니라 팀워크나 조직 내의 분위기를 밝게 하는 데도 도움이 된다고 판단하거든요.

이처럼 커뮤니케이션이란 면에서 창조경영의 첫 번째 성공요인은 원활한 커뮤니케이션을 촉진하는 공간을 마련하는 것이다. 구성원들이 주로 어디서 비공식적인 대화를 많이 나누는지 유심히 살펴보고, 조직 차원에서 이런 공간을 적극적으로 마련해주어야 한다.

열린 마음으로 경청하는 자세가 필요하다

물론 물리적인 공간이 마련되어 있다고 해서 자동적으로 활발한 커뮤니케이션이 이루어지는 것은 아니다. 각자가 상대방의 의견이나 아이디어에 진심으로 귀를 기울일 수 있는가 하는 점이 중요하다. 이는 공동의 목표를 추구하는 사람들이 열린 마음을 갖고 자신의 일을 대할 때 가능한 일이다. 자신의 일에 대해서 주인의식을 갖고 문제 해결을 위해 노력하는 사람들이라면 경험을 통해 한 가지 사실을 알게 된다. 즉 다른 사람과의 활발한 대화와 경청이 자신의 아이디어를 수정할 뿐만 아니라 아이디어의 조합을 통해 새로운 것을 창조할 수 있다는 사실이다.

따라서 커뮤니케이션이란 면에서 창조경영의 두 번째 성공요인은 구성원들이 열린 마음을 갖고 상대방의 의견을 경청하는 자세를 갖도록 하는 일이다. 『경청의 힘』을 집필한 래리 바커는 경청이 가져오는 효과를 이렇게 강조하고 있다.

인적 네트워크는 현대사회에서 성공하기 위한 필수적인 요소이다. 그런데 인적 네크워크와 관련하여 대부분의 사람들이 간과하는 사실이 있다. 성공한 사람, 성숙한 사람, 정말 많이 아는 사람일수록 아무에게나 쉽게 말을 하지 않는다는 점이다.

성공한 사람, 성숙한 사람, 정말 많이 아는 사람들은 '쥬비' 되지 않은 사람에겐 절대로 입을 여는 법이 없다. 그들은 자신의 지식과 정보를 소중한 자산으로 여기기에 타인에게 함부로 취급받기를 원치 않는다. 때문에 한마디 한마디에 무게를 둔다.

진정으로 중요한 말, 사람과 비즈니스의 운명을 좌우하는 정보는 아무나 들을 수 없다. 경청하는 사람만이 대접받는다. 성공한 사람일수록 이런 원칙을 철저히 지킨다.

실제로 우리는 다양한 컨설팅 경험을 통해 한 기업이 경청의 힘을 배우는 순간 얼마나 심오한 변화를 체험하는지 여러 차례 목격할 수 있었다. 반대로 경청의 힘을 무시할 때 얼마나 빠르게 실패의 길로 들어서는지도 지켜볼 수 있었다.

++래리 바커(Larry Barker), 『경청의 힘』, pp. 19~20

일방적인 커뮤니케이션에서 벗어나라

또한 원활한 커뮤니케이션을 위해서는 조직 내에서 지나치게 경직된 커뮤니케이션이 이루어지고 있지 않은지 살펴봐야 한다. 위계질서가 명확하고 상명하복의 문화가 지배하는 기업에서는 지시 중심의 일방적인 커뮤니케이션 방식이 여전히 힘을 발휘하고 있다. 이런 분위기를 바꾸는 것은 아랫사람들의 노력만으로 가능한 일이 아니다. 직급이 높은 사람들이 이런 방식의 문제점을 깨우치고 이를 개선하기 위해서 적극적으로 노력해야 한다.

특히 창조경영에서 지나친 위계질서와 상명하복의 문화는 폐해를 낳는다. 따라서 커뮤니케이션이란 면에서 창조경영의 세 번째 성공요인은 지나친 위계질서와 상명하복 문화가 가져올 수 있는 일방적인 커뮤니케이션 방식을 변화시키는 일이다.

이를 위해 문제 해결에 직책이나 직위는 크게 도움이 되지 않는다는 점을 분명히 할 필요가 있다. 문제 해결을 중심으로 조직의 구성원들을 대하면 오히려 젊고 고정관념이나 선입견이 적은 직원들이 파격적인 아이디어를 만들어낼 가능성이 높아진다. 여기서 창조 역시 하나의 문제 해결이라고 생각하면 직책이나 직위를 중심으로 한 일방적인 커뮤니케이션 방식에서 벗어날 필요가 있음을 알 수 있다. 쉬운 일은 아니지만 우선 커뮤니케이션의 전체적인 방식이나 특징을 결정하는 권한을 가진 사람들을 중심으로 변화를 꾀해야 한다.

대체로 한국 기업들은 일방적인 커뮤니케이션이 주를 이룬다. 게다가 효율성을 최대의 무기로 삼아 성공한 조직이라면, 지시나 통제에 바탕을 둔 일사불란한 커뮤니케이션이 지배하고 있을 가능성이 높다. 만일 그런 기업이 경쟁력의 무게중심을 기존의 원가와 품질에서 벗어나 점점 창조로 이동시키기를 원한다면, 반드시 변해야 할 부분이 커뮤니케이션 방법이다. 지시받은 것을 효과적으로 해내는 것에만 익숙한 조직에서는 자발적으로 새로운 것을 생각해내기가 쉽지 않다. 따라서 창조를 핵심 가치로 추구하기 위해서는 반드시 커뮤니케이션 방법의 개선이 필요하다.

쌍방향 커뮤니케이션 기술을 교육하라

한편 누구든지 대화 나누는 방법은 잘 알고 있다고 생각한다. 그런데 정작 자신의 커뮤니케이션 습관은 제대로 모르는 경우가 많다. 때문에 커뮤니케이션을 원활히 하는 방법에 대해서는 지속적인 훈련이 필요하다. 자신의 커뮤니케이션 습관을 정기적으로 평가해보고, 이를 바탕으로 타인과 원활하게 소통할 수 있는 방법에 대해서도 투자가 필요하다.

따라서 커뮤니케이션이라는 면에서 창조경영의 네 번째 성공요인은 구성원들이 자신의 커뮤니케이션 습관이나 특성을 진단하고, 이를 바탕으로 창조에 적합한 쌍방향 커뮤니케이션 기술을 습득할 수 있도록 교육 기회를 제공하는 일이다.

회의방법을 개선하라

커뮤니케이션의 중요한 채널 가운데 하나로 각종 회의를 들 수 있다. 회의에서 새로운 아이디어가 활발하게 교환될 수 있도록 조직 내에서 이루어지는 각종 회의를 개선하는 데 지속적인 노력을 기울여야 한다. 회의방법을 제대로 개선하면 창조라는 면에서 큰 효과를 거둘 수 있다. 그럼에도 불구하고 회의방법을 개선해 큰 효과를 거두고 있는 기업은 의외로 많지 않다. 따라서 커뮤니케이션과 관련된 창조경영의 다섯 번째 성공요인은 각종 회의방법을 효과적으로 개선하는 것이다.

06_
감동이 있는 윤리적인 조직

"기업 경영의 목적이 무엇이라고 생각합니까?" 40대 초중반의 중견 간부들을 대상으로 하는 강연장에서 이런 질문을 던졌다. 이에 대한 답을 요구하자 한 중견 간부가 "돈 버는 일이지요"라고 간단명료하게 대답했다. 나는 "물론 그렇습니다. 그런데 어쩐지 신이 나지 않는 것 같은데 여러분의 생각은 어떤가요?"라고 되물었다. 강연장에는 이곳저곳에서 웃음소리가 흘러나오고, 많은 사람들이 '돈을 버는 것도 버는 것이지만 다른 목적도 있지 않을까?' 라는 생각을 하는 듯했다.

물론 기업은 돈을 벌어야 살아남을 수 있다. 그러나 돈을 버는 행위만이 기업의 목적이라고 간주하면 임직원들의 마음을 움직이기가 쉽지 않다. 왜냐하면 돈을 버는 일은 합법성만 지니면 그만이기 때문이다. 하지만 합법적으로 돈을 버는 일 외에 또 다른 것이 더해져야 한다. 다시 말하면 돈을 버는 1차적인 목적을 넘어서 2차, 3차에 걸쳐 사람들의 가슴에 잔잔한 감동을 불러일으킬 수 있어야 한다는 말이다.

합법적으로 돈만 벌면 된다는 것은 조직에 몸담고 있는 개인 차원에서 이해하면 '조직에서 받는 보수만큼 일하면 그만이다'라고도 할 수 있다. 마치 '왜 일하느냐?'라는 질문을 받았을 때 '먹고 살기 위해서'라고 답하는 것과 같다. 감동이 없는 삶에서 특별한 것을 기대하기 힘든 것처럼 감동이 없는 조직에서도 마찬가지이다.

언젠가 브라이언 트레이시도 비슷한 의문을 제시한 적이 있다. 그는 "많은 기업이 사업의 목적은 이윤 창출이라고 생각하지만, 이는 고객들을 그저 비용과 수익분석으로 계산한 결과일 뿐이다"라고 말하면서, 자신에게 사업의 목적은 "고객을 만들어 유지하는 것이다"라고 답했다. 또한 자신의 컨설팅 경험에 의하면 "성공적인 경영자들은 모두 고객 창출에 시간과 노력, 에너지를 끊임없이 투자하면서 그것에 초점을 맞춘다"라고 말했다. 기업 활동이 결과적으로 많은 돈을 버는 것으로 이어져야 소망스러운 일이지만, 기업에서 일하는 사람들이 집중해야 하는 것은 돈을 버는 일만이 아니라는 지적이다.

존경받는 조직이 되어야 한다

특히 창조란 피상적인 활동이 아니다. 그것은 한 인간이 가진 모든 에너지를 총동원할 때 가능한 활동이다. 의무적으로 무엇인가를 해야 하는 상태에서는 창조가 일어날 가능성이 낮다. 그럼 우리가 생각해볼 수 있는 것은, 어떻게 하면 조직 구성원의 활동에 의무감 이상의 소명감을 불어넣을 수 있을까 하는 점이다. 다양한 요소가 있겠지만 빼놓을 수 없는 부분은 바로 자신이 몸담고 있는 조직이 사회에서 귀한 활동을 하고 있다는 자긍심과 자부심을 심어주는 일이다. 조직 구성원들이 그런 긍정적인 심리를 가질 수 없다면 창조적인 일을 이루어내기가 어렵다.

한마디로 존경받는 조직이 될 수 있어야 한다는 말이다. 이런 점에서 우리는 조직의 윤리를 생각하지 않을 수 없다. 윤리는 무엇을 뜻하는가? 그것은 조직이 이해관계자들에게 계속해서 가치를 더하는 일이라고 생각한다. 합법을 훨씬 넘어서는 가치 있는 활동을 함으로써 조직은 윤리적으로 활동하고 있다고 스스로를 정의할 수 있다.

물론 윤리라는 것은 지나치게 자의적인 기준이 될 수 있다. 갑이란 조직이 생각하는 윤리와 을이란 조직이 생각하는 윤리가 다를 수 있다. 그럼에도 불구하고 '우리 조직은 대단히 윤리적인 조직이다'라는 공감대를 구성원들이 공유할 수 있다면 스스로의 삶과 일에 자긍심과 자부심을 가질 수 있다.

단순하게 주어진 일을 처리하는 수준을 넘어서서 많은 구성원들이 창조의 대열에 참가할 수 있다. 의미 없는 일을 하는 것이 아니라 타인이나 사회의 다른 이해관계자를 위해서 고귀한 일을 한다고 생각할 수 있을 것이다. 일의 효율도 높일 수 있을 뿐만 아니라 효율 이상의 의미, 즉 다른 사람을 돕는 멋지고 대단한 일을 위해 무엇을 해야 할 것인지 끊임없이 고심하게 된다. 윤리적인 조직의 구체적인 모습은 '존경받는 조직'이 되도록 노력하는 일이라 하겠다.

따라서 윤리라는 면에서 창조경영의 첫 번째 성공요인은 '존경받는 조직'이 되기 위해 조직활동의 다양한 면에서 변화를 꾀하는 일이다. 어떤 변화가 있을 수 있을까? 소비자들조차 예상하지 못했던 놀라운 가치를 부여하는 데 성공한다면, 즉 시장을 선도하는 기업이 된다면 단순히 선도 기업을 따라가는 기업보다는 훨씬 존경받을 수 있을 것이다. 시장을 선도하고 기술이나 상품을 선도하는 기업에게는 '혁신가'나 '창조자'라는 닉네임이 붙게 마련이다.

한때 소니는 혁신의 상징이었다. 지금은 고전하고 있지만 소니는 전자제품에서 항상 시대를 선두하는 기업의 대명사로 통했다. 3M도 마찬가지이다. 인간에게 유익한 것을 늘 새롭게 만들어내는 조직으로 각인되었다. 그곳에서 일하는 구성원들은 시장을 선도하는 상품이나 서비스를 만들어내는 일은 선택이 아니라 자신에게 주어진 사명이라고 여길 것이다. 이처럼 앞서가는 조직으로서의 자긍심과 자신감을 가진다면 지속적인 창조를 일으킬 가능성이 훨씬 높아진다.

타인의 입장에서 생각하고 판단하라

한편 모범적인 조직이라 할지라도 이해관계자와의 사이에 이루어지는 모든 활동이 타인의 눈에 어떻게 비춰지는지 생각해야 한다. 우리가 이렇게 행동하는 것은 법적으로는 아무 문제가 없지만 자칫 힘을 남용하는 것처럼 보이지는 않을까? 우리가 이런 선택을 했을 때 언론의 눈에 어떻게 비춰질까? 우리가 이렇게 행동할 때 오해나 비판의 소지는 없을까?

조직의 윤리란 합법을 넘어서서 타인의 눈에 어떻게 비춰질 것인지 점검한 다음 이를 바탕으로 행동하는 것을 말한다. 타인의 눈을 고려한다는 점에서 보면 윤리는 방어적인 의미를 갖고 있다. 따라서 윤리라는 면에서 창조경영의 두 번째 성공요인은 조직활동의 모든 면에서 타인의 입장에서 생각하고 판단하고 행동하라는 것이다.

물론 이 같은 행동은 적법의 범위를 넘어서기 때문에 비용 면에서도 효율이 떨어지고 과감하게 행동하는 것에도 문제가 발생할 수 있다. 그러나 이런 선택은 조직의 영향력이 커지는 것과 비례해서 당연한 의무라고 생각해야 한다. 그런데 한 가지 분명한 사실은 조직이 윤리적이면 윤리적일수록 구성원들의 자긍심과 자부심도 커지고, 이에 따라 창조에 대한 모티브도 더욱 커질 가능성이 높다는 점이다.

불법적인 활동 혹은 불법은 아닐지라도 이해관계자들로부터 조직이 공격이나 비난의 대상이 된다면 그 구성원들은 자신이 하는 일에 대한 확신이 줄어든다. 그렇기 때문에 윤리적으로 행동한다는 것이 경영의 매우 중요한 틀로 자리 잡도록 해야 한다. 단순히 윤리헌장이나 행동원칙을 선언하는 데 그치는 것이 아니라, 윤리헌장이나 행동원칙이 조직원의 실제 행동에 가이드 역할을 담당할 수 있도록 체화하는 과정이 필요하다.

이는 교육을 통해서도 가능하다. 다른 한편으로는 중요한 의사결정의 마지막 단계에서 '이런 선택은 윤리적인가?'라는 질문을 던지며 스스로 점검한다면 많은 도움이 될 것이다.

불법·부정에 연루되지 않도록 하라

윤리라는 면에서 창조경영의 세 번째 성공요인은 불법이나 부정에 조직이 연루되지 않도록 조심하는 일이다. 최선의 윤리경영은 불법적인 활동에 조직이 관여하지 않는 것이다. 만약 그런 일이 발생했다 하더라도 가능한 한 투명하고 공정하게, 그리고 신속하게 처리하여 존경받는 기업의 위치를 추락시키지 않도록 주의해야 한다. 실제로 창조경영은 윤리와 그다지 관련이 없는 것처럼 보일지 모르지만, 존경받는 조직이 구성원들에게 줄 수 있는 내적 충만감과 자부심, 그리고 기여에 대한 헌신이야말로 창조에 기여하는 바가 크다.

07_
감탄사가 나오도록 즐기며 일하라

오늘날 일에 대한 지배적인 견해는 노동과 휴식을 분리하는 것이다. 대부분의 구성원들은 그런 견해를 별다른 거부감 없이 받아들인다. 자아실현의 수단이나 과정으로서 일을 받아들이는 사람들도 있지만 다수의 사람들은 '일=노동'을 크게 벗어나지 못한다. 이런 생각은 창조를 방해하는 중요한 요인이다.

생각을 바꾸는 일은 조직이 도움을 줄 수도 있지만 근본적으로는 개인의 선택에 달려 있다. 그러나 개인에게만 맡겨둘 수는 없는 일이다. 이같은 선택이 조직의 창조경영에 결정적인 요소가 될 수도 있기 때문이다. 자신이 하고 있는 일에 대해 감탄사가 나오지 않는 사람이라면 그에게서 창조를 기대하기란 사실상 어렵다. 이 부분에 관해서는 톰 피터스의 견해를 참조할 만하다. 그는 일을 '와우(wow) 프로젝트'로 만들어낼 수 없다면 창조는 어려울 것이라며 이렇게 강조하고 있다.

'와우'라는 단어를 반복적으로 사용하고 '와우' 인생을 배울 수 있겠는가? 인상적이고 자랑스러운 와우 프로젝트, '와우'의 의미와 개념, 그리고 필요성을 받아들이지 않는다면 절대로 '와우'가 될 수 없다. 혹은 인상 깊거나 멋지거나…… 뒤흔들 만하거나 자랑할 만하거나…… 미치도록 대단하거나(마지막은 스티브 잡스의 표현) 하지 않는다면.

그러나 이것만으로는 모자란다. 매일 '와우' 채널을 볼 수 있는 능력이 있는가? 자신만의 '와우' 척도를 개발할 수 있는가? 그것도 일반적인 것에? 신청서를 작성하거나 웹사이트에서 물건을 사는 일이 지겨운가…… 괜찮은가…… 아니면 '와우'인가? (왜 그런가? 혹은 왜 그렇지 않은가?) 모든 일을 '와우'로 만들어보자. …… 무슨 일이든.

얼마 전에 나는 노스캐롤라이나에서 열린 대형 트레이드쇼에 참석했다. 쇼는 매우 좋았다. 그러나 주차·교통상황이 엉망이었다. 이것이 행사 자체에 부정적인 영향을 끼칠 정도였다. 그래서 나는 새벽 3시까지(인정한다. 나는 집착이 심하다) …… 그리고 아침에 일어나서도 이 멋진 행사의 교통문제를 '와우'로 바꿀 수 없을까에 대해 골똘히 생각했다.

간단히 말해서, 나는 의식적으로 '와우'를 생각하도록 훈련했다. 나는 어떠한 그리고 모든 경험이 인상적이고 '와우'한 경험으로 변할 수 있을지를 끊임없이 생각한다. 나는 '와우'라는 단어를 쓰는 것이 정말 중요하다고 생각한다!

++톰 피터스, 「Wow 프로젝트 2 : 나의 일은 프로젝트다」, pp. 37~38

일을 '와우 프로젝트'로 만들어라

조직생활을 하면서 만나는 사소해 보이는 일들, 일상의 반복처럼 보이는 일들, 그리고 어느 누구도 떠맡으려고 하지 않는 일들, 그런 일들에서조차 '와우'라는 탄성을 내뱉을 수 있는 프로젝트가 얼마든지 탄생할 수 있다. 이런 자세와 태도가 개인의 성장과 발전뿐만 아니라 창조경영의 실마리가 되는 경우가 많다. 창조경영은 어느 누구도 주목하지 않았던 사소하고 하찮게 보이는 일에서 시작된다.

따라서 일이란 면에서 창조경영의 성공요인은 구성원들이 일을 와우 프로젝트로 만들도록 조직이 도와주어야 한다. 물론 쉬운 일은 아니지만 조직이 아무 일도 하지 않은 채 구성원들이 알아서 잘 하겠지 막연하게 기대하며 기다릴 수는 없다. 일을 대하는 구성원들의 마음가짐이나 태도가 창조경영의 성공에 중요한 비중을 차지하기 때문이다.

3M의 포스트잇을 발명한 아서 프라이(Arthur L. Fry)도 처음부터 대단한 일을 한다고 생각하지 않았다. 찬송가에 끼워두었던 메모지가 자꾸 바닥에 떨어지는 불편함을 해결하려는 사소한 일에서부터 그의 창조가 시작되었다.

월트 디즈니가 처음부터 놀이왕국을 건설하려는 웅대한 비전을 갖고 있었던 것은 아니다. 그는 '손자 손녀들이 즐겁게 놀 수 있는 장소가 왜 없을까?'라는 간단한 질문을 통해 자신의 일을 창조과정으로 변화시키는 데 성공한다. 단지 생계를 유지하는 수단으로만 일을 대한다면 이러한 창조는 나올 수 없다.

'와우 프로젝트'를 위해 조직이 해야 할 일

창조경영을 위해 조직이 구성원들을 돕는 방법은 얼마든지 있다. 첫 번째는 일에 대한 관점을 구성원들이 제대로 정립하도록 돕는 일이다. '여러분이 하고 있는 일은 그것이 무엇이든지 간에 여러분 자신의 성장에 대단히 중요한 의미를 갖고 있을 뿐만 아니라 사회와 이해관계자들에게도 매우 의미 있는 일입니다'라는 메시지를 끊임없이 들려주어야 한다. 한두 번이 아니라 다양한 방법으로 반복적으로 들려준다.

물론 누구나 다 알고 있는 이런 간단한 메시지를 반복적으로 들려주는 것에 대해 식상해하고 심적으로 거부하는 사람들도 있을 것이다. 그러나 이해하는 것과 아는 것, 그리고 뼛속 깊이 아는 것은 커다란 차이가 있다. 단순히 이해하는 것과 아는 것은 공부하는 데는 도움이 될지 모르지만 실행하는 단계에서는 문제가 생길 수밖에 없다. 다시 말하면 일에 대한 확고한 신념을 심어줄 수 있는 방법을 조직이 찾아내야 한다. 그다지 어려운 일은 아니라고 생각한다. 조직이 하고 있는 일들이 세상을 어떻게 변화시키고 있는지 이야기 식으로 서술하는 것도 도움이 될 것이다.

한 걸음 더 나아가 와우 프로젝트를 위한 행동원칙 같은 것을 만들어보면 어떨까. 사람들이 일상의 업무를 어떻게 대할 것인지 원론적인 이야기만 반복해서 들려줄 것이 아니라, 와우 프로젝트로 만드는 방법에 대한 가이드북 같은 것을 만들어 자신의 업무를 창조적인 업무로 바꾸는 방법론을 제시하는 것도 도움이 될 것이다. 그 다음 단계는 이런 방법론을 실제로 적용해서 창조의 결과물을 만들어낸 사람들을 발굴해 포상을 하고 이런 사례를 적극적으로 알려서 모범사례로 정착시켜나간다.

언젠가 LCD를 만드는 회사를 방문해서 강연할 기회가 있었다. 당연히 그 기업에 가기 전에 LCD 사업의 미래 전망에 대한 부분을 조사해서 강연록에 포함시켰다. 강연을 마친 후 한 참석자가 다가와서 "이 산업에 대해서 어쩌면 그렇게 많이 알고 계시나요?"라며 놀라움을 표현했다. 아마도 참석자들에게 여러분이 하고 있는 일이 얼마나 귀한 일인지 강조한 부분이 그분에게는 인상적이었던 모양이다.

나는 그 산업에 대해 조사하면서 '이 산업이 세상을 바꾸는 일을 하고 있구나' 라는 생각을 했다. 다시 말하면 "새로운 디스플레이가 저렴하고 품질이 좋아지면서 벽면부터 시작해 우리의 눈길이 머무르는 모든 곳에 디스플레이가 들어서는 디스플레이토피아라는 새로운 세상을 가꾸는 데 여러분이 가장 선두주자입니다"라는 말이 가슴에 와 닿았던 모양이다. 이처럼 조직은 구성원에게 얼마든지 신념을 불어넣을 수 있다.

또한 일이란 이름 그 자체가 이미 따분함과 반복 이상의 의미를 갖지 못한다. 그러나 한시적인 시간을 부여해 목표를 최상으로 달성하기 위해 노력하는 프로젝트라는 의미를 갖고 일을 바라보면 창조에 한 걸음 더 다가설 수 있다.

이렇듯 모든 일을 프로젝트화한다. 이것은 개인 차원에서도 인식의 문제겠지만, 조직 차원에서 거창한 일만 '프로젝트'라는 명칭을 붙일 것이 아니라 조직에서 수행하는 모든 일을 원대한 목표와 명확한 시간이란 한계를 정한 프로젝트로 만들어낼 수 있다.

일을 받아들이는 태도를 변화시켜라

일을 어떻게 대할 것인가는 결국 사람의 마음속에서 일어나는 인식의 문제이기 때문에 궁극적으로 개인이 선택하는 문제이다. 그래서 대다수 회사에선 사람의 마음속에서 일어나는 문제는 그들의 일이지 자신의 일이라고 생각하지 않는다.

언젠가 목표관리에 관한 워크숍을 주도하면서 구성원들과 대화를 나누던 끝에 나온 이야기도 이와 비슷하다. "시스템은 완비되어 있지만 개인의 목표관리를 적극적으로 지원하고 개선하기 위해 조직에서 활발하게 움직이는 것 같지 않습니다"라는 이야기를 들었다. 아마도 대부분의 기업이 비슷한 상황일 것이다. 그것은 개인이 해야 할 일의 영역이라고 생각하기 때문이다.

창조란 궁극적으로 사람의 마음속에서 큰 변화가 일어나지 않고는 이루어질 수 없는 일이다. 이런 점을 고려하면 당연히 조직이 도움을 주기 위해 나서야 한다. 톰 피터스가 강조하는 와우 프로젝트라는 개념은 큰 도움을 줄 수 있다. 조금은 황당하게 여겨질 수도 있고, 지나치게 파격적이어서 현실에 적용하기에는 무리가 있다고 생각하는 사람들도 있을 것이다. 그럼에도 불구하고 톰 피터스의 최근 저서들은 조직이 와우 프로젝트를 통해 일에 대한 사람들의 생각을 바꾸는 데 큰 역할을 할 수 있다고 제시한다.

그리고 조직이 구성원들에게 기대하는 바를 다양한 방법을 통해서 반복적으로 전달할 필요가 있다. 계약서에 명시하진 않았지만 '회사가 기대하는 멋진 인재상'이라고 할까. 그런 사실을 모두가 잘 알고 있다고 생각할 수도 있지만 실제로 조직 구성원들 입장에서는 놓치는 부분이 많다. 회사에서 원하는 것은 물론 사용자의 입장에서 나오는 이야기지만, 창조를 주도하는 인재들이 조직과 일에 대해서 무엇을 갖추어야 하는지 생각해볼 수 있다.

이 점에 관해서 신시아 샤피로는 『회사가 당신에게 알려주지 않는 50가지 비밀』이라는 책에서 회사는 다음의 5가지 가치규범을 구성원들에게 요구한다고 말한다. 물론 이들은 문서화하지도 않고 드러내놓고 이야기하지도 않음은 물론이다.

보호 : 회사에 손해를 끼치거나 회사를 불안하게 하는 직원은 가장 먼저 나가야 한다. 그리고 회사를 보호하기보다 개인의 이익을 우선시하는 것처럼 보이면 신임을 얻지 못한다.
돈 : 회사의 돈을 소중하게 여기지 않는 직원은 제거된다. 이에 대한 최고의 방어전략은 항상 회사의 돈을 자신의 돈처럼 아끼는 것이다.
공개적인 지지 : 회사의 정책이나 입장 또는 방침에 대해 비판적인 직원은 제거된다.
시장에서 '선도적 우위'를 점하는 것 : 회사는 남들보다 뒤처지거나, 정체되어 있거나, 사생활로 집중력이 흐려진 직원들을 매우 싫어한다. 회사가 지속적으로 시장에서 우위를 점하기 위해서는 늘 선도적으로 앞서나가는 것밖에 방법이 없다고 믿기 때문이다.
성공의 이미지 : 회사는 성공의 이미지를 지닌 직원들을 원하며, 비판적이거나 비관적인 태도를 보이는 직원들을 가장 싫어한다. 이런 태도는 회사가 그

동안 지속적으로 노력해서 만든 '성공할 수 있다는 분위기'를 일시에 무너뜨리기 때문이다.

++신시아 샤피로(Cynthia Shapiro), 『회사가 당신에게 알려주지 않는 50가지 비밀』, pp. 33~34

　최근 미국 기업들 사이에서 유행하는 '와우 경영'에 대해 샌디에이고 주립대 정동일 교수는 "와우란 그랜드캐니언 같은 경외로운 자연의 신비나 상상을 초월한 장면을 볼 때 자연스럽게 내뱉는 감탄사다. 와우 경영이란 제품이나 서비스를 사용하는 고객의 입장에서 '와우!'라는 감탄사가 나올 때까지 최선을 다하겠다는 경영철학을 말한다"라고 이야기한다. 이런 정도에 도달하려면 창조라고 부를 만한 변화가 일어나야 한다. 결국 사람이 자신의 일을 받아들이는 마음가짐과 태도를 변화시킬 때만이 가능한 일이다. 이를 위해 조직이 도울 수 있는 방법을 적극적으로 찾아서 실천에 옮겨야 한다.

08_
실패를 허용하는 문화

조직의 문화는 명시적으로 표현할 수 없지만 조직 구성원들의 행동과 사고를 결정하는 암묵적인 것들의 총합이라고 정의할 수 있다. 그래서 조직의 문화는 혁신과 창조에 중대한 영향을 끼친다. 짐 콜린스는 자신의 저서 『좋은 기업을 넘어 위대한 기업으로』에서 위대한 기업에 관한 기사나 인터뷰, 그리고 기초자료들을 조사하는 동안 위대한 기업을 특징짓는 특별한 형용사들이 자주 등장한다는 사실을 발견했다고 말한다.

예를 들어 위대한 기업들은 그렇지 않은 비교대상 기업들에 비해 "규율 있는, 엄격한, 완강한, 단호한, 근면한, 정확한, 까다로운, 체계적인, 질서정연한, 일꾼 같은, 빡빡한, 일관된, 집중된, 책임 있는, 책임을 지는 등의 단어가 끊임없이 등장하여 충격을 받았다"고 말한다. 요약하면 위대한 기업은 자유와 책임을 바탕으로 하는 '규율의 문화'를 만들어내는 데 성공한 기업이다.

자유와 책임을 바탕으로 규율을 만들어라

창조경영은 자유분방함에서 나오는 것이 아니라 적절한 규율에서 나온다. 단순한 자유분방함은 조직에 혼란을 가져오고 높은 성과도 기대할 수 없다. 창조라고 하면 아무런 규칙이나 규율이 없는 자유로움을 연상할 수도 있겠지만, 창조는 오히려 자유와 책임을 두 가지 축으로 하는 규율의 문화 속에서 나온다. 따라서 문화라는 면에서 창조경영은 자유와 책임을 바탕으로 규율을 어떻게 만들어낼 것인가에 주목해야 한다. 이런 면에서 보면 짐 콜린스의 다음과 같은 지적은 창조경영을 지향하는 기업이 어떤 점을 추구해야 하는지에 대해 답을 제시하고 있다.

좋은 회사에서 위대한 회사로 도약한 기업들은 분명한 강제를 동반하는 일관된 시스템을 구축했지만, 그와 동시에 사람들에게 시스템 체계 내에서 자유와 책임도 부여했다. 그들은 관리할 필요가 없는 자율적인 사람들을 채용한 뒤, 사람들이 아니라 시스템을 관리했다.

++짐 콜린스(Jim Collins), 『좋은 기업을 넘어 위대한 기업으로』, p. 191

창조경영은 조직에서 일어나는 일종의 문화혁명이라고 부를 수 있다. 그 이유는 그만큼 문화가 창조와 혁신에서 차지하는 비중이 막중하기 때문이다. 지속적인 성장으로 동종 업계에서 어느 정도 위치를 차지한 기업은 이미 존재하는 것을 고쳐서 더 나은 상태로 만들어가는 데 익숙하다. 그동안 이런 노력을 성공적으로 수행해왔기 때문에 업계에서 성공할 수 있었다.

하지만 이 단계를 넘어서 신화라고 부를 수 있을 정도로 획기적인 성과를 만들어냄으로써 위대한 기업 혹은 진정한 의미에서 일류 기업으로 발돋움할 수 있느냐는 다른 차원의 도전과제라고 생각한다. 그것은 기업이 일찍이 경험해보지 못한 문화적인 측면에서의 변화가 요구되기 때문이다. 이런 점에서 한국의 조직, 특히 기업들에게 많은 교훈을 준다.

한국 기업들의 경쟁력 역시 중요한 부분은 기술과 공정의 개선에서 나온다. 여기에서 한 걸음 더 나아가 창조의 주역으로 자리매김하려면 조직의 문화 면에서 커다란 변화가 있어야 한다. 그런데 문화라는 것은 오랜 기간에 걸쳐서 구성원들의 사고와 행동, 그리고 조직의 관행이나 관습 등에 길들여져 있기 때문에 이를 계량화하고 개선해내기가 여간 힘들지 않다.

창조경영은 문제를 새롭게 정의하는 데서부터 출발한다. 그런데 한국의 조직들은 위계질서가 분명하고 주어진 목표에 따라 일사불란하게 움직여서 기대하는 성과를 만들어내는 데 익숙하다. 그렇기 때문에 자율적으로 문제를 찾아내고 이를 새로운 시각으로 정의하는 일보다 주어지는 일을 하는 데 더 익숙한 편이다. 이러한 어려움을 극복하고 조직의 문화를 만들어내기 위해서는 분명한 위계질서보다는 구성원들의 자유와 책임을 바탕으로 각 조직만의 독특한 규율을 만들어내야 한다.

실패할 수 있는 자유를 허용하라

고객들의 드러나지 않은 숨겨진 욕구가 무엇인지 찾아내기 위해선 구성원들의 도전적이고 진취적인 행동이 필요하다. 동시에 이런 행동은 고정관념이나 선입견 혹은 선례로부터 자유로울 수 있어야 한다. 그렇다면 구성원들이 이러한 사고를 할 수 있도록 어떤 부분에 주목해야 하는가?

조직의 성과나 미래에 결정적인 영향을 미치지 않는다면 실패할 수 있는 자유, 실수할 수 있는 자유가 상당 부분 허용되어야 한다. 하지만 우리의 조직문화뿐만 아니라 사회의 문화 역시 실수나 실패에 대해 지나치게 엄격한 편이다. 또한 오랜 학교생활을 통해서나 시험을 통해서 구성원들은 주어진 문제의 정답을 찾는 데 익숙하고, 정해진 길 이외에 다른 곳을 경험하거나 도전할 기회가 드물다. 게다가 유년기부터 끊임없이 실수나 실패 자체를 주의하거나 두려워하도록 훈련받아왔다.

그러나 위험을 무릅쓰고 시도할 수 있는 자유가 허용되지 않는다면 실제로 창조경영이 성공할 가능성이 매우 낮다. 그래도 단기적인 성과에 끊임없이 관심을 가져야 하는 경영자의 입장에서는 쉽지 않은 일일 것이다. 실수나 실패가 가져올 수 있는 성과 하락에 신경을 곤두세울 수밖에 없기 때문이다. 이를 보완하기 위해 마음껏 실수할 수 있는 특정 그룹을 만드는 것도 하나의 대안이 될 수 있다. 현실과 완전히 동떨어진 아이디어를 실험하는 부서나 팀을 선정해서 그곳에서만이라도 실수나 실패에 얽매이지 않고 다양한 실험을 활발하게 할 수 있는 자유를 허용하는 것이 바람직하다.

따라서 문화라는 면에서 창조경영은 치명적인 실수나 실패가 아니라면 그런 경험들을 성공을 위한 불가피한 과정으로 받아들이는 분위기를 조직 내부에 조성해야 가능한 일이다. 조직이 '건설적인 실수 혹은 실패'라는 용어를 기꺼이 받아들이도록 하자는 말이다.

우리의 문화에 비해 미국의 문화는 실패에 관대하다. 개인이든 조직이든 간에 새로운 시도가 가져올 수 있는 실패를 용인하는 자세가 되어 있기 때문에 실수나 실패에 대한 지나친 비난을 피할 수 있다. 때문에 한결 가벼운 마음으로 새로운 시도를 할 수 있는 문화가 만들어진다. 우리의 경우는 열 번 잘 하더라도 한 번 실수하면 가혹한 질책이 뒤따른다. 이런 점에서 창조경영이 문화적으로 꽃피우기에는 우리 환경이 척박한 편이다.

하지만 사회 전체를 바꿀 순 없더라도 조직 차원에서는 특정 부서나 팀을 선택해서 우선적으로 실패나 실수를 용인하는 분위기를 만들 수 있다. 또한 최고경영자가 실수나 실패의 가치에 중요한 의미를 부여한다면 얼마든지 그런 움직임을 성공시킬 수 있다.

아무튼 창조경영은 시스템 등과 같은 요소에 의해서도 도움을 받겠지만 암묵적인 문화가 바뀌지 않으면 불가능한 일이다. 이따금 우리 사회에서 당혹스러운 상황을 맞이할 때가 있다. 사람이 한평생을 살다 보면 실수도 하고 실패도 경험하게 마련이다. 그러나 우리 사회의 분위기는 지나치게 실수나 실패에 대해 가혹하다.

새로운 것을 시도하거나 도전하기보다는 그저 무난하게 시간을 보내는 사람들이 실수나 실패할 가능성도 적기 때문에 오히려 사회적인 대우를 받는 경우가 많다. 무난하다는 말은 실수나 실패가 없었다는 말이다. 이를 달리 이야기하면 도전하지 않는 삶을 살아왔다는 뜻이다. 어떻게 그런 삶이 더 많은 칭찬과 갈채를 받는지 이해하기 어렵다. 또한 특정인이 이런저런 일을 시도하다 보면 실수나 실패할 때도 있을 것이다. 그러나 현재의 시점을 기준으로 과거를 신랄하게 비판하는 것을 볼 때마다 이 사회가 새로운 것을 시도하는 데는 참으로 엄격하구나 하는 생각이 든다.

이것이 바로 문화라는 것이다. 역사를 되돌아보면 19세기와 20세기를 기점으로 서구가 동양에 비해 압도적인 우위를 차지할 수 있었던 것은 바로 도전하는 문화 덕분이었음을 부인하기 어려울 것이다. 동양 특히 한국이나 중국 같은 나라는 안주의 길로 들어섰고, 영국이나 미국, 그 밖의 유럽 열강들은 저마다 바깥 세상을 향해 도전하는 길을 택했다. 이 점이 20세기의 동양이나 그밖의 나라들이 유럽과 미국의 식민지로 전락하는 데 중요한 역할을 했다.

다양성을 적극 인정하라

마지막으로 문화라는 측면에서 창조경영이 주목해야 할 다른 한 가지는 획일성보다는 다양성을 적극적으로 인정해야 한다는 것이다. 동조압력이 비교적 강한 우리의 조직문화에서 구성원들은 자신의 주장을 강하게 내세우기보다는 무난한 안을 선택하는 경우가 많다. 게다가 다른 사람들의 의견을 참작해서 가능한 한 다른 사람과 다르지 않은 의견을 내놓는 경우가 있다. 이 또한 획일적인 문화의 단면이라고 할 수 있다.

자신의 주관을 분명히 하고, 자신의 관점을 뚜렷이 하고, 자신의 판단을 갈고 닦음으로써 독특함이 탄생할 수 있다. 이는 창조경영을 위한 또

하나의 문화적 토대가 되어야 하는 부분이다. 다름을 인정하고 각자가 자신의 주관을 분명하게 발표할 수 있는 분위기가 조직 내부에 조성될 수 있도록 해야 한다.

09_
쓸모 있는 괴짜를 채용하라

사람들은 재능이 모두 다르다. 모두가 창조경영의 주역이 될 수는 없다. 대부분의 사람들은 기존의 개선과 존속적 혁신을 제대로 하는 것만으로도 조직의 성장에 제 몫을 다하는 셈이다. 창조경영의 결과물은 상당 부분 괴짜에 해당하는 사람들에게서 나올 가능성이 높다. 물론 아이디어의 실행이나 상품화 단계에서 요구되는 일은 무난한 인재들이 추진하겠지만, 초기 단계 작업에서는 괴짜들의 기여도를 무시할 수 없다.

비주류 인물을 채용하라

교육을 통해서 사람을 바꿀 수 있지만 창조에는 일종의 '끼'라는 측면이 있음을 부인하기 어렵다. 이렇게 생각하면 우선 '끼'를 갖고 있는 사람들을 제대로 채용하는 것이 중요하다. 교육 무용론을 주장하는 것은 아니지만 사람은 저마다 갖고 있는 재능이 다르다. 이미 존재하는 것을 잘 가꿔서 발전시키는 사람이 있는 반면에 무에서 유를 창조하는 사람도 있게 마련이다. 한마디로 '쓸모 있는' 괴짜를 조직이 채용할 수 있는가 하는 점이다.

여기서 분명히 해야 하는 것은 '쓸모없는' 괴짜와 '쓸모 있는' 괴짜를 구분하는 안목이다. 그런데 채용하는 사람들 대다수가 모범생 출신일 가능성이 높다. 그런 사람들이 과거에는 경쟁력을 갖고 있었기 때문이다.

따라서 3분의 2 정도는 조직에 잘 순응하고 잘 성장해온 사람들을 채용부서에 배치하더라도 3분의 1 정도는 결정적인 기여를 만들어낸 비주류를 채용부서에 포함시킬 필요가 있다. 3분의 1이 지나치게 높은 비중이라면 일정한 기간을 두고 낮은 비중에서부터 시작해 실험을 해보는 것도 대안이 될 수 있다. 사람이란 자기 중심으로 다른 사람을 보게 된다. 모범생 출신은 모범생의 손을 들어주는 경향이 있으므로 이런 부분에 변화가 필요하다.

괴짜를 뽑아서 마음껏 끼를 발산하게 하는 것도 창조경영에서 반드시 필요한 요소이다. 따라서 채용이란 면에서 창조경영의 첫 번째 성공요인은 창조에 '끼'를 가진 비주류 인물을 뽑을 수 있는 시스템을 마련하는 일이라 하겠다. 괴짜를 알아보는 방법에 관심이 있다면 밥 서튼(Bob Sutton)의 저서 『역발상의 법칙』에서 지적하는 '11+1 법칙'에 주목해보자.

1. 50%는 당신을 불편하게 만드는 사람, 심지어 당신 마음에 들지 않는 사람을 고용하라.

2. 필요없는 (혹은 필요없을지도 모르는) 사람을 고용하라.

3. 면접에서 후보자를 보지 말고 아이디어를 보라.

4. 상사와 동료를 무시하고 반항하는 분위기를 조성하라.

5. 잘 지내는 사람들을 찾아 서로 싸우게 만들라.

6. 성공과 실패에 상을 주고 게으름에 벌을 주라.

7. 실패하기 쉬운 일을 하되, 모든 사람에게 성공할 수 있다는 확신을 심어주라.

8. 도무지 해낼 수 없는 일을 생각하고 그것을 실행하라.

9. 고객이든 비평가든 돈만 밝히는 사람은 피하거나 당황하게 하거나 지루하게 만들라.

10. 당신이 현재 직면한 문제를 이미 해결한 사람에게는 아무것도 배우려 하지 마라.

11. 과거를 잊어라. 특히 과거의 성공을 잊어라.

+1. 조직 코드에 적응하지 못하는 지진아를 고용하라.

++톰 피터스, 『미래를 경영하라』, P. 302 재인용

이런 부류의 인재를 기꺼이 고용하는 것은 정말 쉽지 않은 일이다. 그러나 창조경영에 관심을 가진 조직이라면 총 채용인력 가운데 일정한 비중 이상을 이런 비주류 인재로 채우는 것도 가치 있는 선택이라고 생각한다. 모범생 출신들이 좀처럼 해낼 수 없는 일을 이따금 비주류 인재들이 해내는 경우가 많다는 점을 기억하라.

그러나 채용에 대한 혁명적인 발상의 전환이 없다면 실천하기가 쉽지 않다. 어느 조직이든 그 조직에서 오랜 기간 동안 실시해온 인사정책이

있기 때문이다. 이를 깨뜨리는 것은 무척 어렵다. 하지만 창조경영은 과거에 성공을 가져다주었던 것과는 기반 자체가 달라져야 하므로 인재를 채용하는 정책에도 반드시 큰 변화가 있어야 한다.

이런 결단을 누가 내릴 수 있는가? 인사를 책임지고 있는 임원들이 결정할 수는 없는 일이다. 그들은 그런 위험을 안고 싶어하지 않을 뿐만 아니라 '쓸모 있는' 괴짜 인재에 대해서도 편견을 가질 수 있다. 게다가 괴짜들의 성과 창출을 눈으로 직접 확인할 수 없기 때문에 회의적일 수도 있다. 결국 최고경영자의 확신과 결단이 없다면 과거에 영광을 가져다주었던 기반을 해체하기 어렵다.

톰 피터스는 "괴짜들을 찾아라! 그들을 고용하라! 그들의 말에 귀를 기울여라! 그들에게 모든 비밀을 털어놓아라! 그들을 파트너로 삼아라! 당신의 혁명에 그들을 참여시켜라!"라고 외친다. 이렇게 할 수 있는가? 톰 피터스는 여기서 한 걸음 더 나아가 창조경영을 주도하는 인물들에게 충격적인 사례를 소개하고 있다. 과학의 세계에서 그가 얻은 무시무시한 격언이라고 하는데 "패러다임을 전환하려면 늙은 교수들을 은퇴시키는 것만으로는 충분하지 않다. 그들을 죽여야 한다"라는 심한 말도 서슴지 않는다.

비주류 인재가 조직에 뿌리 내리도록 배려하라

기존의 고정관념을 끊임없이 깨고 새로운 것을 창조해가는 사람들을 조직이 기꺼이 감내할 수 있는가 하는 문제도 매우 중요한 선택이다. 괴짜처럼 보이는 인재를 과연 용인할 수 있는가, 아니면 기성복과 같은 인재만 용인할 수 있는가 하는 부분은 인사정책만의 문제가 아니라 조직의 문화와도 깊이 관련되어 있다.

외부에서 어렵게 스카우트한 특별한 인재들이 기존 조직에 적응하지 못하고 겉돌다가 나가는 경우도 종종 볼 수 있다. 순혈주의 성격을 가진 기업일수록 이런 일이 빈번하게 일어난다. 조직의 문제일 수도 있고 개인의 문제일 수도 있지만, 조직 차원에서 볼 때 스카우트해온 사람은 특별한 능력을 가진 인재라고 할 수 있다.

따라서 채용이란 면에서 창조경영이 주목해야 할 또 다른 부분은 특별한 능력을 갖고 옮겨온 인재들이 조직 내부에 제대로 뿌리 내릴 수 있는 제도를 만들고 분위기를 조성하는 일이다. 앞으로는 더더욱 내부에서 양성된 인재들에게만 의존할 수 없다. 게다가 기업의 규모가 크고 활동범위가 넓어질수록 중도 채용은 늘어날 수밖에 없기 때문에 중도 채용 인재의 적응 문제에 대해서도 관심을 가져야 한다.

규모가 크거나 화려한 성공 역사를 가진 기업일수록 괴짜를 거부하는 것은 사실이다. 그것은 그들의 성공기반을 뒤흔드는 일이기 때문에 웬만큼 위급한 사항이 벌어지기 전에는 양보하지 않는 부분이다. 때문에 창조경영이 제대로 이루어지기 힘들다. 창조경영을 꿈꾸는 기업이라면 톰 피터스가 '괴팍한 생각, 고부가가치의 원천'이란 이름으로 정리한 다음 리스트를 참고해 이런 인재를 채용하고 유지하고 있는지 되돌아볼 필요가 있다. 과거(WAS)의 방식에서 벗어나 미래(IS)의 방식을 제시한 것이다.

WAS	IS
무리의 우두머리가 되라	무리에서 벗어나라
빨리 가라	방향을 바꿔라
클수록 좋다	크기는 상관없다
늘 같은 대상에게 판매	미래의 유망 대상에게 판매
몇몇 대형 고객에게 초점을 맞춤으로써 매출 극대화	'이상한' 소규모 고객을 찾음으로써 혁신 극대화
업계 리더를 벤치마킹	첨단의 끝에 있는 기업을 벤치마킹
전략적 공급자	괴팍한 공급자
믿을 만한 직원	미쳐 날뛰는 직원
우수한 학교에서 고용한다	괴팍한 포트폴리오를 가진 인재를 고용한다
조용한 이사회	시끌벅적한 이사회
몸집 늘리는 인수	혁신을 구매하는 인수
'안전 제일' 파트너	'모험 제일' 파트너
안전하게 논다	괴팍하게 논다
빈틈없이 처리한다	배를 몽땅 태워버린다

++톰 피터스, 『미래를 경영하라』 p. 303

10_
창조적 인재를 키우는 교육

 창의적인 인재는 어떻게 나오는가? 이미 창조가 생활과 삶의 한 방식으로 자리 잡은 사람들도 있다. 물론 드문 경우이긴 하지만 말이다. 이런 소수의 창의적인 인재를 제외하면 대다수 사람들은 어떻게 하면 창의적인 인재에 가까워질 수 있을까가 핵심 과제이다.
 결국 기업이 할 수 있는 것은 정교한 교육 프로그램을 마련해 창조를 주도하는 인재를 길러내는 일이다. 창조성과 상상력을 높이기 위한 교육은 아직 활발한 수준이 아니다. 일반적으로 조직에서 관심을 갖는 직무, 리더십 등에 비해서 창조성 교육이 소홀하게 다루어지는 것도 사실이다. 이런 점에서 창조능력을 강화하기 위한 교육 프로그램을 마련하는 것은 앞으로 창조경영을 주도하는 기업들이 관심을 가져야 할 일이다. 하지만 관심에 비해 당분간은 난항을 거듭할 수밖에 없을 것이다. 아직 충분히 검증받은 교육이 많지 않기 때문이다.

창조경영 교육의 5가지 포인트

창조적인 인재를 길러내기 위해 조직은 더 많은 비용과 에너지를 교육에 투자해야 한다. 효율성에 대한 논란이 있겠지만 그래도 교육 이외에 다른 대안은 없다. 창조경영을 위한 교육에서는 다음의 5가지를 임직원들에게 가르쳐야 한다.

첫째, 창조하는 방법이다. 창조는 어떤 방법으로 성취할 수 있는가에 대한 교육을 말한다. 새로운 시각으로 사물이나 현상을 바라보면 기존의 제품이나 서비스로는 눈치채지 못했던 가치를 만들어내는 방법을 찾을 수 있다. 창조성에 대한 기존의 방법들을 총정리함으로써 창조적으로 생각하는 방법을 교육시키는 것이다.

둘째, 창조를 통해 놀라울 정도의 부가가치를 창출한 사례를 배우는 일이다. 동종 업계뿐만 아니라 다른 업종에서도 획기적인 가치창출에 성공한 사례들을 모아 연구해보면 창조경영이 어떤 절차를 통해서, 어떻게 현장에서 이루어지는지 교육 참가자들이 직접 확인할 수 있다. 물론 이런 연구가 가진 한계점은 잘 알려진 경우를 제외하면 기업 내부의 숨겨진 일화나 비화 등을 찾아내기가 쉽지 않다는 것이다. 그럼에도 불구하고 사례에 대해 깊이 있게 연구하는 것 자체만으로도 가치 있는 일이라고 생각한다.

셋째, 기존의 한계를 뛰어넘는 상상력을 키우는 교육도 필요하다. 교육에 참가하는 사람들 가운데 나이를 어느 정도 먹은 사람들은 상상력이란 단어가 다소 생소할 수도 있다. 기존의 업무를 효율적으로 처리하는 데 익숙한 사람들에게 상상력을 요구하는 것은 어쩌면 무리한 일일지도 모른다. 하지만 상상력을 발휘하여 기존의 고정관념이나 선입견, 관행을 뛰어넘지 못하면 창조경영의 상위 단계에 도달할 수 없다. 그렇다면 당연히 근속연수나 직위에 관계없이 스스로 상상력을 배양하기 위해 노력해야 한다. 이런 점에서 다소 심리적인 거부감이 있을지라도 상상력을 발휘할 수 있는 방법이나 사례에 대한 교육이 이루어져야 한다.

넷째, 현장에서 창조가 가능하도록 집중력을 유지하는 방법에 대해서도 교육이 필요하다. 구성원들이 몰입상태를 자주 체험할 수 있도록 도와주는 방법을 가르쳐야 한다. 특히 조직의 상위 직위에 있는 사람들과 함께 일하는 구성원들이 몰입하는 데 방해가 되는 요인이 무엇인지, 이를 제거하기 위해서 리더가 무엇을 해야 하는지에 대한 교육도 동시에 이루어져야 한다.

창조라는 결과물은 기존의 일하는 방식으로는 나오기가 쉽지 않다. 다른 결과물을 얻기를 원한다면 당연히 일하는 방식을 바꾸어야 한다. 일하는 방식의 변화에서 매우 중요한 부분은 집중력을 한껏 올려서 몰입상태에 들어가는 것이다.

다섯째, 구체적으로 창조를 가능하게 하는 지적 인프라, 즉 관련 자료를 모으고 주변에서 아이디어를 포착하는 방법에 대해서도 교육해야 한다. 관련 자료를 모으는 방법은 체계적으로 메모를 할 수도 있고, 예리하게 관찰할 수도 있으며, 고객의 이야기를 관심 있게 경청할 수도 있을 것이다. 이런 일을 하려면 무엇보다 개인적인 호기심이 있어야 하고, 호기심은 상승욕구나 성장에 대한 욕망이 있을 때 가능한 일이다.

자기 주도형 학습이 필요하다

체계적이고 조직적인 교육이 중요하지만 교육에 투자할 수 있는 시간이나 자원은 늘 한정되어 있다. 어떤 조직이 창조경영을 위한 교육에 열의가 강할지라도 자원의 제약이란 한계에 부닥쳐 실제로는 막대한 투자를 쏟아붓기가 쉽지 않다. 그렇다면 다른 대안은 없을까? 창조란 고도의 지적 활동이다. 때문에 개인이 일상적인 활동을 통해서 스스로 배우고 익히고 실천해보는 자기 주도형 학습이 반드시 필요하다.

이미 조직 내부에서 '혁신가'라 불리는 사람들은 그동안 다양한 프로젝트를 수행하면서 상당한 성과를 올린 사람들이다. 이들은 또한 자신의 혁신역량을 향상시키기 위해서도 무척 노력하는 사람들이다.

결국 창조를 주도하기 위한 자기학습은 창조를 주도하는 인물이 되어야겠다는 야심에다 그런 원대한 목표를 달성하기 위해 나름대로 목표관리를 하는 생활습관이 매우 중요한 몫을 차지할 것으로 보인다. 그리고 그런 목표를 향해 나아가는 과정에서 무엇을 학습해야 하는지, 어떤 방법으로 학습하는 것이 좋은지 등에 대해서도 나름대로 생각하게 될 것이며, 이런 고민 끝에 자신에게 맞는 독특한 학습방법을 찾아낼 수 있다.

기존의 학습방법에 대해 많은 이야기가 나오고 있지만 창조를 만들어내는 방법은 사람마다 차이가 난다. 이러한 차이에도 불구하고 창조를 위한 기초적인 정보와 지식을 축적하는 일은 공통점이 있다. 창조에 대한 열망이 강한 사람들은 자신의 방식대로 정보와 지식을 축적하고 가공하는 특별한 학습법을 갖고 있을 것이다. 따라서 창조경영을 위한 교육은 집합교육뿐만 아니라 개인이 스스로 업무와 관련된 학습을 지속적으로 할 수 있도록 성취동기를 부여하고, 학습기회를 제공할 수 있어야 한다. 이 점도 창조경영에서 중요한 부분이라고 생각한다.

5

창조경영 어떻게 완성할 것인가

"창조경영을 구체적으로 어떻게 실천해야 할까?
여기서는 세 가지 측면, 즉 개인이라면 무엇을 어떻게 해야 하는지,
특정 프로젝트를 수행하기 위한 팀이나 조직 내에 상설 부서와 같은 단위조직이라면
어떻게 창조경영을 실천해야 하는지,
마지막으로 조직 차원에서는 어떻게 해야 하는지에 대해서 살펴본다."

01_
창조경영의 핵심은 개인

위대함을 추구하겠다는 결심부터가 시작이다

삶은 선택이다. 성인이 된 사람에게 살아가는 방식이나 목적지를 정해주거나 특정 방법이나 목적지를 강요할 수는 없는 일이다. 스스로 삶의 방식과 목적지를 선택하고 그것에 대해 책임을 지는 것이 우리의 인생이다.

 모두가 손쉽게 창조의 주역이 될 수 있는 것은 아니다. 자신의 분야에서 큰 획을 그을 만한 업적을 만들어내고자 한다면 추구하는 목적지가 보통 사람들과는 달라야 한다. 단순히 잘 먹고 잘 사는 정도를 넘어서야 하는 것은 분명하다.

 자신의 분야에서 다른 사람들이 도달할 수 없을 정도의 업적을 남기고자 하는 사람들은 평범함을 넘어서 비범함에 도달하려는 의지와 의욕이 강해야 한다. 이를 야심이나 야망이라고 표현할 수도 있겠다. 어떻게 표현하든 스스로 추구하는 목표가 원대하고 위대하지 않다면 창조에 매진할 수 없다. 왜냐하면 비범함을 향해 나아가기 위해선 많은 것을 포기해야 하기 때문이다.

예외적인 사람들도 있겠지만 한 개인이 제한된 시간과 에너지를 갖고 모든 것을 다 잘 할 수는 없는 일이다. 때문에 창조하는 사람이 되길 원한다면 무엇을 포기할 것인지 결정해야 한다. 우선순위가 뒤처지는 일들을 과감하게 포기할 수 없다면 '위대함'이란 목적지를 추구하는 일도 포기해야 한다.

무엇인가를 포기하는 것은 어떤 형식으로든지 간에 다소의 희생을 감수해야 한다는 뜻이다. 그것은 편안한 삶을 뒤로 미루는 일일 수도 있고, 아이들과 많은 시간을 보내는 것을 포기하는 일일 수도 있으며, 일상의 자질구레한 즐거움을 버리는 일일 수도 있다. 우선순위가 떨어지는 일들을 포기하지 않는 한 위대한 창조자가 될 수 없다.

세월이 가면 갈수록 절실하게 깨우치는 진실 가운데 하나는 '삶은 뿌린 대로 거둔다'라는 평범한 사실이다. 그동안 많은 사람들의 부침을 지켜보았다. 머리 좋은 사람, 학벌 좋은 사람, 부자 부모를 만난 사람, 어렵게 성장한 사람들의 부침을 지켜보면서 또렷이 남는 한 가지 진실은 그래도 '뿌린 대로 거둔다'는 사실이다.

위대함을 추구하든, 평범하게 남기로 결정하든, 그것은 전적으로 개인이 결정할 사안이다. 하지만 세월이 흐른 다음에 '그때 그런 선택을 하지 않았어야 하는데'라는 아쉬움이 남지 않아야 한다. 자신이 걸어온 길을 되돌아보면 치열하게 무엇인가를 추구했든, 그렇지 않든 간에 일

말의 아쉬움이 남게 된다. 그러나 치열하게 자신의 분야를 개척해온 사람들은 아쉬움이나 후회의 정도가 한층 덜하다.

하지만 스스로 위대한 인물이 되기로 결심하고 노력하는 사람들에게 늘 우호적인 평가가 따르는 것은 아니다. 지나치게 많은 것을 희생한다고 주변으로부터 비난을 받을 수도 있다. 때로는 주변 사람들로부터 손가락질이나 수군거림을 받을 수도 있다. 하지만 다른 사람들의 이야기를 모두 귀담아 들을 필요는 없다. 인생은 각자가 선택하기에 따라서 결과가 다르고, 그에 대해서는 어느 누구도 대신 책임져주지 않기 때문이다.

다른 사람들이 간 길, 확실하게 검증된 길을 차근차근 따라가면서 편안하게 살다 가는 것도 삶의 한 가지 방식이다. 마찬가지로 신화를 만들어낼 정도의 원대한 목표를 향해 치열하게 노력하면서 살아가는 것도 또 다른 삶의 방식이 될 수 있다. 하지만 대충 생활하다가 누구에게도 주목받지 못한 채 삶의 황금기를 흘려보내는 것은 너무 쓸쓸하다는 생각이 든다.

위대함을 추구하는 이면에는 다양한 동기가 있다. 물질적인 욕망도 있고, 다른 사람들로부터 인정받고 싶다는 욕망도 있을 것이며, 여기에 더해 경쟁자들을 압도하고 싶다는 욕망도 있을 것이다. 그 추진력이 무엇이든 간에 원대함을 향한 집요한 추구는 우리의 삶이 한 번으로 끝나버리기 때문에 선택해야 할 여러 대안 가운데 하나이다.

만일 여러분이 위대함을 추구하는 삶을 선택했다면, 우선 자신의 분야에서 뚜렷한 족적을 남길 수 있는 인물이 되기로 굳게 결심하는 일이 필요하다. 따라서 창조경영을 개인 차원에서 접근하면, 이런 결심이 창조경영을 위한 첫 단추에 해당된다.

목표를 뚜렷이 하고 구체적인 계획으로 뒷받침하라

'나는 무엇이 되고 싶다'라는 꿈은 누구나 가질 수 있다. 그러나 이를 실천에 옮기는 것은 완전히 다른 차원의 문제라고 생각한다. 많은 사람들이 꿈을 꾸지만 막상 실천에 옮겨 구체적인 결과물로 만들어내는 사람은 소수에 불과하다. 창조도 마찬가지이다. '위대함'을 만들어내고 싶다는 개인적인 염원은 반드시 구체적인 계획이 뒷받침되어야 한다. 그렇지 않으면 단순한 소망이나 바람에 그치고 말 가능성이 높다.

자신이 일하고 있는 분야에서 창조자로 거듭나고 싶다면 구체적인 계획을 세우는 일에 좀더 깊은 관심을 가져야 한다. 계획을 세우는 일은 시간을 잘라서 관리하는 것과 같은 의미일 뿐만 아니라, 자신의 에너지를 특정 부분에 집중시키는 효과를 가져온다. 하루, 일주일, 한 달, 일 년처럼 구체적으로 정해진 시간 동안 추구해야 할 목표를 분명하게 정하는 일이 필요하다.

이처럼 구체적인 계획을 갖고 일을 대하지 않으면 시간은 연속적인 의미로 다가온다. 일단 시간을 연속적인 개념으로 받아들이면 조직이 요구하는 최소한의 기준 이상의 성과를 달성하기 어렵다. 물론 창조와 같은 획기적인 성과를 기대하기란 더욱 어려워진다.

'창조는 천재적인 사람이 하는 일이다'라고 생각하는 사람은 이러한 노력을 무의미한 일로 받아들일 수도 있다. 그러나 조직에서 만들어지는 창조란 천재적인 사람에 의해 주도되는 경우도 있지만, 주변의 보통 사람들이 만들어내는 경우가 더 큰 비중을 차지한다. 천재에게는 천재만의 고유한 방법이 있기 때문에 일반화하기 어려울 뿐더러 보통 사람들이 배우기도 힘들다.

하지만 평범한 사람이 창조에 이르는 과정에는 정형화할 수 있는 나름의 방법이 있으며, 그 가운데 하나가 목표를 뚜렷이 하는 일이다. 정해진 시간 안에 '최상의 목표'를 달성하기 위해 자신의 에너지를 집중하는 습관이 필요하다. 그래서 하루를 최상으로 살아갈 수 있다면 일주일에 최상의 결과물을 얻을 수 있고, 일주일 동안 최상의 삶을 살아갈 수 있다면 한 달을 최상의 시간으로 만들어낼 수 있다.

이처럼 정해진 시간 동안 자신의 지적 에너지를 창조적인 활동에 쏟는 습관을 들인다면, 창조는 특별한 사람의 특별한 일이 아니라 보통 사람들에게도 얼마든지 가능한 일이 될 수 있다. 마치 100미터 달리기를 하는 선수들이 최상의 상태에서 자신이 가진 모든 에너지를 기록 갱신에 쏟는 것처럼, 정해진 시간 동안 자신이 추구하는 일과 관련해 무서울 정도의 집중력을 쏟아붓는 습관을 들여야 한다. 정해진 시간 안에 추구해야 할 목표를 늘 뚜렷이 상기하는 것도 집중하는 데 도움이 된다.

여기서 계획을 세워 추진하라는 것은 조직에서 일반적으로 실시하는 '목표관리법'과는 다른 것이다. 조직은 조직이 추구하는 목표를 구성원들에게 제시한다. 물론 조직에 몸담고 있는 사람이라면 이런 목표에 맞추어 자신이 '최소한 이 정도는 해내야겠다'는 생각을 갖게 된다. 그러나 내가 제언하는 계획은 이런 수준을 훌쩍 넘어서는 것이다.

조직이 제시하는 것이 최소한의 수준이라면 개인은 하루, 일주일, 한달, 일 년 단위로 자신과 새로운 계약을 맺는다. 물론 이 계약은 계속해서 갱신한다. '조직에 고용되어 있고, 봉급생활을 하고 있을 뿐이다'라고 자신의 삶을 정의한다면, 최소한의 일을 해내는 데 만족할 수 있다. 그러나 삶이라는 제한된 시간 속에서 자신의 인생을 경영해간다고 생각하면, 최소한이란 것은 자신에게 해당하는 일이 아님을 알 수 있다. 창조를 해내는 사람들은 당연히 후자로 자기 자신을 정의할 것이다.

자신이 가진 모든 에너지를 총동원해서 특정 시간 내에 목표를 최대한 달성하기 위해 노력하는 것은 개인이 자기 사업을 하는 것과 비슷하다. 스스로 창조자로 자리매김하길 원한다면, 주어진 최소한의 목표를 달성하는 것이 아니라 자기 사업을 하듯이 목표 달성을 위해 전력을 기울이고 장기적으로 자신을 최상의 인재로 만들어가야 한다.

끝으로 목표를 머릿속에 정리해두기보다는 눈으로 직접 확인할 수 있도록 기록해두는 방법이 효과적이다. 정해진 시간 동안 최고의 목표를 설정하고, 목표 달성 여부를 점검하고, 성공과 실패의 원인을 찾고 대안을 마련하는 방법도 권할 만하다.

작은 성공경험을 축적해야 큰 결과가 나온다

창조라고 하면 우리는 큰 것, 대단한 것을 떠올린다. 하지만 그런 것들은 어느 날 갑자기 주어지지 않는다. 작은 성공의 경험들이 하나하나 축적되어 창조를 위한 토대가 만들어지고, 그 결과 크고 대단한 것이 나오는 것이다. 물론 우연히 대단한 것을 찾아내거나 만들어내는 사람들도 있다. 삶이든 사업이든 연구든 간에 우연한 발견이란 요소가 있기 때문이다. 우연히 대단한 것을 찾아내거나 만들어내는 사람은 정말 행운의 인물이다. 이러한 사례는 가능성이 희박하지만, 성공한 사람들에게서는 흔히 발견할 수 있는 일이다.

시오노 나나미가 쓴 『로마인 이야기』의 마지막 권을 읽어보면 인물과 관련된 흥미로운 이야기가 나온다. 로마사를 15년 동안 다루면서 시오노가 갖게 된 믿음 가운데 하나는 뛰어난 인물일수록 어떤 시대에 태어났는지가 무척 중요하다는 점이다. 객관적으로 출중한 인물이라 하더라도 그가 가진 자질과 시대가 맞아떨어지지 않으면 쓸모없는 인물로 전락해버리는 경우가 많았기 때문이다.

전쟁의 시대에 어울리는 인물이 있고 평화의 시대에 어울리는 인물이 있다. 한 인물의 영광과 좌절도 시대라는 우연적인 요인을 떼어놓고는 이야기할 수 없다. 이런 사실을 깨우치면 사람들은 자연히 삶에 대해 겸손함을 갖게 된다. 그러나 우연이란 우리가 통제할 수 없는 영역의 것이다. 통제할 수 없는 영역의 것에 대해 할 수 있는 일이 기도밖에 더 있겠는가. 여러분과 내가 관심을 갖는 것은 통제 가능한 영역에서 우리가 할 수 있는 일이다. 그렇다면 우연이란 요소는 저만치 떼어놓고 이야기를 계속해보자.

통제 가능한 영역에서 주목해야 할 부분은 '창조란 축적의 결과물이다' 라는 주장이다. 자신의 활동범위 안에서 가능한 한 많은 성공경험을 축적해보는 것이 창조에 큰 도움이 된다. 때문에 어떤 직종에 종사하는 사람이든 간에 성공경험을 하나하나 만들어가면서 그런 경험들을 자신의 내면세계에 차곡차곡 정리해가는 노력이 필요하다. 어느 시점부터인가 창조라고 부를 수 있을 정도의 대단한 결과물을 쏟아내는 사람이 있다면 그의 과거를 찬찬히 짚어보라. 그곳에는 일정 기간에 걸쳐 작은 성공경험을 착실히 축적해온 삶의 역사가 있을 것이다.

그런데 모든 시도가 성공으로 이어지는 것은 아니다. 때문에 성공경험을 나름대로 축적해온 사람이라면 반드시 이에 필적할 만한 실패경험도 갖고 있다. 성공으로 얻은 지식뿐만 아니라 실패나 실수로부터 얻은 지식, 즉 부정적 지식이나 경험들이 상호작용을 하면서 한 인간의 내면 세계에 굳건히 자리를 잡게 된다. 이때 자신에 대한 믿음과 자긍심, 자신감이 축적된다. 스스로 만들어낸 자신감과 자부심은 타인으로부터 주어지는 일시적인 칭찬이나 격려, 그리고 성공에 대한 물질적인 보상과는 차원이 다르다. 성공경험을 착실히 축적한 사람들이 만들어내는 자부심과 자신감은 미지의 세계를 향해 다시 도전할 수 있는 심적 기초를 다지는 데 큰 도움을 준다.

창조는 성공의 결과물을 보고 난 다음에 시도하는 것이 아니다. 아무런 확증이나 증거도 없는 상태에서 자신이 먼저 시도해서 보여주겠다는 의연한 결심이 없다면 불가능한 일이다. 그렇다면 이 같은 의연함과 용기는 어디에서부터 나오는 것일까? 물론 타인의 격려나 칭찬으로부터도 나올 수 있지만 그런 상황에서 나온 도전이나 시도는 추진력을 갖기가 어렵다. 반면에 이제까지 불확실함 속에서도 어려움을 극복하면서 자신감을 쌓아온 사람은 스스로 도전할 수 있는 힘이 있다.

하루하루 자신의 일과 중에서 도전하여 성공을 거둔 일이 있다면 작은 것이라도 이를 찬찬히 기록으로 남기는 것이 좋다. 그냥 '잘 했구나'라는 정도가 아니라 기록으로 남기는 행위는 자신에게 성공경험을 분명히 납득시키고 강화하는 과정이기 때문이다.

규칙적인 집요함이 필요하다

세상이 불공평하게 보일지 모르지만 최소한 노력이란 면에서 보면 공평하다. 특히 창조는 일정 수준 이상의 노력이 꾸준하게 집중적으로 투입되지 않으면 일어날 가능성이 매우 낮다. 그래서 나는 창조의 가능성은 한 인간이 생활하는 방식, 일하는 방식, 생각하는 방식과 깊은 관련이 있다고 생각한다. 오랫동안 함께 일해온 유능한 편집자와 대화를 나누다가 이런 질문을 한 적이 있다.

"그동안 많은 작가들을 경험해보시지 않았습니까? 이들 가운데 오랫동안 그 업계에 머무는 데 성공한 사람들의 특징은 어떤 것이라고 생각합니까? 그러니까 잠시 반짝 하고 사라지지 않고 '롱런'할 수 있는 작가의 비결이라고나 할까요? 오랜 시간에 걸쳐서 주기적으로 히트 작품을 내는 작가들의 특징을 이야기해줄 수 있습니까?"

그 편집자가 들려준 이야기는 내가 평소에 생각했던 창조에 이르는 가설과 차이가 거의 없었다. 일정한 주기를 갖고 크게 반향을 일으키는 작품을 쓰는 작가들은 창조에 성공한 대표적인 사례에 속한다. 이들이 가진 공통점은 다음과 같다고 한다.

"문인들이 대개 좀 자유분방한 편이지 않습니까? 그래서 술도 잘 드시고 기분파인 분들이 많습니다. 그런데 오랫동안 독자들로부터 잊혀지지 않고 계속 명성을 유지하는 분들을 지켜보면서 갖게 된 믿음은 그분들은 글쓰기를 하나의 직업, 한 걸음 더 나아가 천직으로 여긴다는 점입니다. 마치 직장인이 일터에 나가는 것처럼 자신이 정한 스케줄에 따라 규칙적이고 집중해서 글을 쓰는 습관을 갖고 있다는 말입니다. 맡은 일을 열심히 하는 직장인을 생각하게 하거든요. 벼락치기로 하는 것이 아니라 꾸준하게 갈고 닦는 자세를 가진 분들이 오래오래 독자들의 사랑을 받는 작품을 내놓는 것 같습니다."

나는 그 편집자의 이야기를 들으면서 흔히 창조를 하는 사람들이 범하기 쉬운 오류, 즉 자유분방하게 마음 끌리는 대로 생활해야 창조가 나온다는 잘못된 믿음을 버려야만 지속적으로 창조에 성공할 수 있다는 생각을 하게 되었다. 그러니까 기분 내킬 때 하고, 그렇지 않을 때는 하지 않는 타입이 아니라 꾸준하게 무엇인가를 집중적으로 해나가는 것이 중요하다는 점이다. 이는 창조가 기분이나 기민함의 문제가 아니라 삶의 태도이자 생활의 태도와 밀접하게 연결되어 있음을 말해준다.

나 자신도 이런 삶의 방식을 무척 좋아한다. 창조란 어느 순간에 불현듯 나타나는 것이 아니라 집요하게 무엇인가를 이루기 위해 필요한 모든 부분에 열심히 도전할 때 가능하다고 생각하기 때문이다.

만일 어떤 연구자가 창조를 해내고 싶다고 생각한다면, 꾸준하고 집요하게 그 문제를 추구하고 또 추구하는 것보다 효과적인 방법은 없다. 의식과 무의식이 온통 그 문제 해결에 집중되어 있다면 어느 순간 불현듯 문제 해결 방법이 떠오를 수 있다. 그러나 이때 반드시 필요한 전제조건은 '규칙적인 집요함'이다. 창조는 그냥 한번 잘 해봐야겠다고 결심한다고 가능한 일이 아니라 한 인간이 오랜 기간 동안 쌓아온 삶과 일을 대하는 태도와 깊이 연결되어 있다. 창조를 하기 위해 노력하는 과정에서 내가 대단히 중요하게 여기는 부분은 자기규율과 자기절제이다. 규율과 절제는 규칙적인 생활을 낳고, 여기에 성실함이 더해지면 겸손한 마음으로 이것저것 가능한 모든 것들을 시도해볼 수 있기 때문이다.

독일의 유명한 안셀름 그륀 신부가 쓴 『삶의 기술』에서 '자신의 삶에 규율 더하기'란 대목은 창조를 주도하는 사람들이 새겨들어야 할 메시지를 담고 있다.

규율은 나를 삶으로 데리고 들어간다. 나에게 삶 자체를 손 안에 받아들이라고, 자신에게 분명한 질서를 주라고 가르친다. 라틴어 'disciplina(규율)'는 '가르침', '수업', '훈육', '질서', 그리고 '무엇에 다가가는 방법'을 의미한다. 많은 사람들은 이 단어가 'discere(배우다)'에서 왔다고 한다. 그러나 아마도 어근은 'capere(받아들이다, 잡다)'일 것이다. 그러면 이 단어의 어원은 'dis-cipere(파악하기 위해서 해부하다)'가 된다.

나는 무엇을 손에 받아들고 잘게 자른다. 그것을 이해하기 위해서, 그 안에 무엇이 들어 있는지 보기 위해서 자르는 것이다. 규율은 능동적인 것이다. 나는 삶을 손에 받아든다. 나는 그것을 잘 들여다보고, 내가 정말로 살려면, 살아지는 것이 아니라 내가 직접 살려면 그것을 어떻게 잘게 나누어야 할지 숙고한다.

수도승의 격언에 이런 것이 있다. '방법이 없이 싸우는 자는 진다.' 배우고 성장하기 위해서는 분명한 방법이 필요하다. 심리치료사 존 브래드쇼는 규율이란 삶의 고통을 줄이는 기술이라고 말한다. 규율이 없으면 인간은 자기 자신의 내적·외적인 혼란으로 인해 고통을 받는다. 빙겐의 힐데가르트는 규율이란 우리가 어디에서든 항상 기뻐할 수 있게 해준다고 말한다. 우리는 규율 안에서 '살아지는' 것이 아니라, 우리의 삶 자체를 '사는' 것을, 우리의 삶을 손에 넣어 형태를 만드는 것을 배운다.

그리스인들은 자기수련에 대해서 말한다. 자기수련은 연습이고 훈련이다. 운동선수는 목적에 이르기 위해 훈련하고, 철학자는 내적인 자유를 얻으려고 훈련한다. 자기수련 없이는 변화할 수 없다. 자기수련은 단순히 포기가 아니라, 내적인 자유로 가려는 의식적인 훈련이다. 거기에 포기도 포함된다. 심리학자들은 말한다. 어린이들이 포기하는 법을 배우지 않고는 강한 자아를 개발할 수 없다고.

++안셀름 그륀(Anselm Grun), 「삶의 기술」, pp. 280~281, 297

무엇을 하든 근면하게 하라! 익숙한 것에만 머물지 말고 자신이 상상할 수 있고 도전할 수 있는 모든 대안을 생각해봐야 한다. 그러기 위해선 무엇보다 부지런해야 한다. 어떻게 해야 할까?

동기부여 분야에서 뛰어난 브라이언 트레이스의 조언도 귀담아 들어둘 만하다. 그는 고민하고 있는 문제가 있다면 일단 이를 질문 형식으로 바꾸어보라고 권한다. 그리고 이런 질문에 대한 해결책을 종이에 20개 정도 적어보라고 말한다. 5개 정도는 손쉽게 만들어낼 수 있지만 그 이상은 어렵다. 머리를 짜내는 수고를 하지 않으면 결코 20가지를 채울 수 없다. 브라이언 트레이시는 "최소한 20개 이상의 답을 정리해보자. 쉽지 않은 일이지만 20여 개의 답변을 적어 내려가다 보면 자신도 모르는 사이에 이전에는 상상도 하지 못했던 내면의 창조적인 생각을 끌어낼 수 있다"고 말한다. 여러분 안에 잠들어 있는 창조성을 끌어내는 이러한 방법을 그는 '마인드 스토밍'이라고 부른다.

즐겁고 유쾌하게 일하는 방법을 익혀라

무슨 일이든 의무감만으로는 오랫동안 지속할 수 없다. 물론 어떤 일이라도 처음에 열심히 하기 위해서는 의무감이 어느 정도 역할을 한다. 하지만 창조를 목적으로 하는 사람이라면 나름대로 즐겁고 유쾌하게 일하는 방법을 익혀야 한다. 대부분의 사람들은 처음부터 일이 즐거울 리 없다. 게다가 처음부터 천직이라고 할 정도로 멋진 일을 만나는 행운도 기대할 수 없다. 열심히 하다 보면 익숙해지고 익숙해지다 보면 좋아지게 되는 것이 보통 사람들에게 일어나는 변화과정이다.

의무감만으로 열심히 일하는 동안에는 자신도 의식하지 못하는 사이에 피로감이 차곡차곡 쌓여간다. 결국 과로 때문에 위험한 상황을 맞게 되는 경우도 종종 발생한다. 게다가 우리가 흔히 말하는 스트레스는 심리적으로 기꺼이 받아들일 수 없는 일을 의무감 때문에 계속해야 하는 경우에 일어난다.

즐겁고 유쾌하게 일할 수 있는 환경을 조직이 조성해주어야겠지만, 지금 즐겁고 유쾌하게 일하고 있는가에 대한 답은 결국 자기 자신이 찾아내야 한다. 하지만 불행히도 어떤 사람은 유쾌하게 할 수 있는 일이라도 다른 사람은 전혀 그렇지 않은 경우가 있다. 사람마다 재능과 자질이

다르고, 일을 받아들이는 태도도 차이가 나기 때문이다. 이런 경우를 보면 즐겁고 유쾌하게 일하기는 일의 성격에 의해서만 결정되는 것은 아니라고 생각된다. 살아가면서 자신이 즐겁게 할 수 있는 일을 만나는 것은 커다란 행운이지만 모든 사람에게 그런 행운이 주어지는 것은 아니다.

많은 사람들이 오늘도 별 감흥 없이 일터로 향하는 것이 현실이다. 여러분이 지금 어떤 상태에서 일을 하고 있는지 정확히 알 수는 없지만 많은 사람들이 자신의 일에 별다른 애정이나 감흥을 갖지 못한 채 하루하루 살아가고 있다. 이런 경우에 창조가 일어날 가능성은 거의 없다. 앞에서도 여러 번 강조했듯이 최소한 조직에서 요구하는 수준 이상으로 일을 잘 해내기가 힘들기 때문이다.

이런 경우에는 개인도 그다지 흥이 나지 않지만 주위 사람들에게도 부정적인 영향을 미친다. 만성적인 피로감을 집에 돌아가서 호소하는 사람은 일에 대해 흥미를 느끼지 못하는 경우라고 보면 된다.

일에 전혀 흥미를 느끼지 못하는 사람이라도 스스로 일을 흥미롭게 대할 수 있도록 최선의 노력을 다해봐야 한다. 이렇게 노력했는데도 지금 하고 있는 일을 도저히 좋아할 수 없다고 판단된다면 깨끗하게 포기하고 다른 길을 선택하는 것이 개인에게나 조직에게나 모두 도움이 될 것이다. 특히 개인의 경우 즐겁게 일하지 않는 상태에서는 아무리 오랫동안 일해도 그 분야에 관한 축적이 이루어지지 않기 때문에 시간을 낭비하고 있다 해도 지나친 말이 아니다. 한마디로 인생을 낭비하고 있다고 보면 된다.

모든 사람이 자신이 지금 하고 있는 일을 좋아할 수는 없다. 분명히 사람마다 좋아하는 성향의 일이 있게 마련이다. 이런 일을 찾아내는 것은 조직이 도와줄 수 없다. 자신이 어떤 성향을 갖고 있는지, 평소에 어떤 일을 좋아하는지 등을 곰곰이 따져봐야 하고, 자신에게 맞는 일을 찾아내는 것은 개인이 책임져야 할 일이다. 여기서는 이 문제에 대해 깊이 다루지 않겠다. 다만 '창조에 도움이 되기 위해서는 일을 어떻게 대해야 할까?'라는 본래의 주제에 초점을 맞추었으면 한다.

일을 계속해야 한다고 스스로 판단했다면 즐겁고 유쾌하게 일하기 위해 자기 자신을 설득하는 것도 한 방법이다. 왜 이 일을 해야 하는가의 의미를 정확하게 찾아서 자신에게 알려주는 방법이다. 인간은 자신이 하고 있는 일에 대해 의미를 찾을 수 있을 때만이 최선을 다하는 존재이다. 아주 사소해 보이는 일이라도 의미 부여라는 과정을 제대로 수행하면 그만큼 즐겁고 유쾌하게 일할 수 있다.

창조란 무척 고된 과정이다. 가볍게 얻을 수 있는 즐거움을 포기하는 과정을 통해 창조가 이루어지기 때문에 자신이 하고 있는 일에 '사명감'을 갖지 못한다면 최선을 다할 수 없다. 여기서 말하는 사명감이란 자신이 몸담고 있는 직업이나 창조의 대상이 되는 일에 대해 갖고 있는 정리된 생각, 믿음 혹은 소명의식을 말한다.

자신의 직업, 일, 그리고 프로젝트에 대해 의미를 찾는 사람이라면 이를 정리해서 자신만의 사명감을 만들어야 한다. 그리고 사명감을 갖는 일 역시 한두 번의 시도가 아니라 반복적으로 자기 자신과의 대화를 통해서 신념으로 만들어내야 한다. 이런 과정은 창조를 낳는 데 대단히 유용한 역할을 한다. 자신이 하고 있는 프로젝트나 직업에 확고한 신념을 갖지 못하는 사람이 남들이 시도하지 못한 창조를 만들어낼 수 있을까? 결코 가능한 일이 아니다.

창조에 필요한 지식과 정보를 축적하라

창조는 도약을 뜻한다. 연속이 아니라 단절에 가까울 정도의 도약에서 창조가 일어난다. 창조를 하는 사람마다 나름의 독특한 방법이 있겠지만, 공통점을 한 가지 들자면 기존 정보나 지식의 체계적인 흡수 없이 어느 날 갑자기 창조가 나타나기는 힘들다. 때문에 창조는 지적 토대가 반드시 마련되어 있어야 한다.

물론 정규 교육에서 얻는 기존의 정보나 지식이 오히려 새로운 발상을 방해하는 경우도 드물지 않게 나타난다. 그래도 아무런 지적 토대도 없는 데서 창조가 우연히 일어나기는 힘들다. 지적 토대란 어느 날 갑자기 만들어지는 것이 아니다. 일정 기간 동안 집중적인 노력을 통해서 축적해야 한다.

그렇기 때문에 창조를 원하는 사람이라면 자신의 분야와 직간접적으로 연결된 모든 정보와 지식을 충분히 흡수하고 학습하는 과정이 반드시 필요하다. 결국 일정 기간 동안 집중적인 학습과정을 거치고 나서야 비로소 창조가 이루어질 가능성이 높다는 의미이다. 그렇다고 해서 초심자는 창조가 아예 불가능하다는 이야기는 아니다. 가능성이란 면에서 지적 토대의 축적이 큰 역할을 하는 경우가 많다는 점을 지적해두고 싶다.

누구든 창조를 원한다면 창조에 이르기까지 필요한 정보와 지식을 열심히 쌓아야 한다. 어떤 종류의 지식과 정보가 필요한지 조사하고 이를 체계적으로 공부해야 한다. 이미 익숙한 분야뿐만 아니라 익숙하지 않은 분야까지 지적 투자를 계속해서 지식을 쌓아나가야 한다. 때로는 전혀 기대하지 않았던 분야에서도 창조의 실마리를 얻을 수 있기 때문에 다른 분야에도 관심을 가져야 한다.

배우고 익히는 데만 그치는 것이 아니라 직접 실천하는 과정이 반복되어야만 지식이나 정보가 자신의 것으로 만들어진다. 이런 과정에서 우리가 눈여겨봐야 할 것은 사람마다 학습하는 방법이 다르다는 점이다. 어떤 사람은 직접 해보면서 잘 배우는 사람이 있는 반면에, 어떤 사람은 읽으면서 배우기도 하고, 관찰하고 기록해가면서, 상상하면서 배우는 사람도 있다. 따라서 창조를 위해 노력하는 사람이라면 최상의 학습자가 될 수 있도록 스스로를 바꾸어가는 노력이 필요하다.

학습이란 진행되면 될수록 실용적인 가치를 제공하기도 하지만 하나하나 배워가면서 스스로 깨우쳐간다는 즐거움을 준다. 더불어 더욱 효과적으로 배울 수 있는 방법에 눈을 뜨게 된다면 효율적으로 정보와 지식을 습득하여 큰 효과를 거둘 수 있다.

학습을 하나의 프로세스로 이해할 수 있게 되면 투입 대비 산출이란 관점에서 접근할 수 있고, 이 과정에서 더욱 효과적인 학습을 위해 자신이 무엇을 바꾸어야 하는지, 무엇을 추가해야 하는지 찾을 수 있을 것이다. 다시 말하면 학습에도 자기 나름의 스타일이 있기 때문에 일률적으로 이 방법을 사용하라고 권할 수는 없다. 다만 자신이 이미 익숙하게 사용하는 학습법은 물론이고 다른 방법도 고정관념을 갖지 않고 도입할 수 있어야 한다.

자신에 대한 지적 투자를 우리가 이미 알고 있는 읽기, 쓰기, 직접 해보기 등에만 국한시킬 필요는 없다. 주변을 예리하게 관찰하거나 고객의 이야기를 주의 깊게 듣거나 동료들의 이야기에서 멋진 아이디어를 얻어 창조에 성공하는 경우도 많다. 여기서 간과하지 말아야 할 부분은 효과적인 학습법을 좁게만 해석하지 말고 좀더 폭넓게 받아들여 자신의 방법 중 잘못된 부분을 고쳐나갈 수 있어야 한다는 점이다.

얼마 전에 유대인의 학습법이나 암기법으로 명성을 얻고 있는 이스라엘의 '메모리 트레이닝'사 사장인 에란 캐츠(Eran Katz)가 방한하여 강연을 한 적이 있다. 그는 전 세계 인구의 0.25%에 불과한 유대인들이 20세기 노벨상 수상자에서 차지하는 비중이 40%나 되는 비결 가운데 하나로 유대인만의 독특한 학습법을 들고 있다.

유대인 두뇌계발법의 큰 특징은 '상상력', '불편함', 그리고 '대화법'입니다. '상상하기'는 두뇌를 녹슬지 않게 합니다. 공부나 일을 할 때 불편한 자세로 하면 더 잘 되는 것을 경험해보신 적 없으신가요? 편안한 상태에 익숙해지면 두뇌를 쓰지 않습니다. 유대인들이 즐기는 또 다른 테크닉은 일어서서, 또는 몸을 앞뒤로 움직이면서 공부하는 것입니다. 몸을 흔들면 두뇌에 산소가 공급되고, 몸의 움직임이 두뇌를 자극합니다. 걸어가는 동안 더 좋은 아이디어가 떠오르는 것처럼요. ……
유대인 학습의 대부분은 대화로 이루어집니다. 누군가가 일방적으로 설명하는 내용을 듣는 게 아니라 참여하는 것입니다. 선문답이라도 좋고, 농담이어도 좋아요. 대화는 흥미를 만들어내고 자기정리를 할 수 있는 능력을 만들어줍니다.

++김윤덕, 〈조선일보〉, 2007. 3. 20 & 허연, 〈매일경제〉, 2007. 3. 21

지적 인프라를 축적한 사람은 장기적으로 창조에 성공할 가능성이 매우 높다. 배우고 익히는 행위 자체를 즐겁고 유쾌하게 할 수 있도록 노력해보자. 어쩌면 자신이 하는 모든 것은 일련의 학습과정으로 이어질 수 있다. 이처럼 꾸준한 학습이 이루어지면 의외의 곳에서 창조의 기회가 생길 수 있다.

초심자와 같은 새로운 시각으로 접근하라

'그것은 불가능해. 이미 시도해본 거야' 등과 같은 반응을 보이는 데 우리 모두가 익숙하다. 문제에 대한 해결책을 생각해낼 때 대부분 '갑은 을이다'는 등식이 은연중에 서 있다. 이런 등식은 살아가는 데 도움이 되기도 한다. 왜냐하면 모든 문제에 대해 고민할 필요가 없도록 도와주기 때문이다. 만약 세상의 모든 일에 대해 이런 등식을 전혀 갖지 않은 채 일일이 고민해야 한다면, 두뇌가 소모하는 에너지는 지금보다 크게 늘어날 것이다. 그만큼 창조에 투입할 수 있는 시간이나 에너지의 양도 줄어들 수밖에 없다. 하지만 새로운 것을 창조할 때 이런 등식은 치명적인 약점이 되기도 한다.

창조라고 여기는 모든 발명이나 발견들을 찬찬히 생각해보라. 그것은 많은 사람들이 믿어왔던 고정적인 등식을 깨는 과정에서 탄생했다. 이런 점에서 창조라는 목표를 달성하길 원하는 사람이라면 자신이 추진하는 프로젝트에 항상 새로운 시각으로 접근해야 한다. 다르게 볼 수 없으면 결코 창조적인 해결방법이나 새로운 기회를 찾아낼 수 없다.

새로운 시각으로 바라보려면 용기가 필요하다. 또한 자신에 대한 자긍심이나 자신감을 갖지 못한 사람은 새로운 시각으로 바라보기가 쉽지 않다. 또 하나 무시할 수 없는 요소로 호기심을 들 수 있다. 강한 호기심을 가진 사람은 표면에 드러난 피상적인 현상이 아니라 근원적인 원리를 탐구하는 데 익숙하다. 원리를 탐구하는 과정에서 이제까지 많은 사람들이 익숙하게 바라보았던 시각이 아니라 다른 모든 가능성에 문을 열어두어야 한다.

새로운 시각이란 자신의 시각으로 문제를 바라보는 것을 뜻한다. 다른 사람의 의견을 참조하지만 자신의 시각으로 문제나 현상을 조명하지 못하면 창조적인 결과물을 만들어낼 수 없다. 새로운 시각으로 문제에 접근할 때 주위의 동료나 상사로부터 우호적인 반응을 얻기는 쉽지 않다. 다수의 사람들은 기존의 시각이 제공하는 한계를 넘어설 수 없기 때문이다. 물론 운이 좋은 사람은 새로운 시도에 대해 주변의 따뜻한 격려를 받을 수도 있지만, 대개는 그런 행운이 함께 하지 않는다.

자신의 접근방법에 대해 확신이 선다면 집요하게 추구해야 한다. 아직 확신이 서지 않더라도 시도할 만한 가치 있는 도전이라면 기꺼이 시도할 수 있어야 한다. 창조는 발상의 전환으로 얻을 수 있는 것이지, 기존에 해왔던 것과 비슷한 방법으로는 원하는 결과를 얻어낼 수 없다. 그래서 동조압력이 강한 조직이나 사회에서 창조가 일어날 가능성은 그만큼 줄어든다. 조직이나 사회의 문화는 이미 주어진 것이기 때문에 개인으로서는 어찌할 수 없는 부분이다. 개인이 져야 할 용기라는 면에서 볼 때 창조를 주도하는 사람들의 부담이 커지기 때문이다.

조직생활에서는 대인관계나 사회성이 어느 정도 중요한 역할을 차지할지 몰라도 순수하게 창조라는 면만 떼어놓고 생각하면 합리적인 개인주의자들이 창조의 주역이 될 가능성이 높다. 물론 창조의 결과물을 이끌어내는 데는 주변 동료나 팀원들의 도움이 필요하겠지만 이를 만들어내는 단계에서는 우직할 정도로 자신의 주장이나 의견, 시각을 유지해야 한다. 창조란 결코 합의의 산물이 아니기 때문이다. 다시 말하면 합의를 통해서 다수결로 창조가 만들어지는 것이 아니다. 창조는 그야말로 새로운 것을 만들어내는 일이다. 따라서 초기 단계에는 강한 개성이 들어갈 수밖에 없다. 이런 개성을 소유한 사람들이 그에 따르는 약간의 소외감이나 고립감을 즐길 수 있을 정도가 되어야 한다.

창조와 관련해서 시오노 나나미의 경험을 소개하고 싶다. 그녀가 로마와 카르타고 사이에 벌어진 해전에 대한 글을 쓸 무렵 경험한 일이다. 잘 알려진 바와 같이 훗날 로마에 패배해서 역사에서 사라진 카르타고는 해상국가이고, 로마는 육군에 의지하는 나라였다.

시오노는 로마가 해상전투 경험이 없었음에도 불구하고 승리를 거둔 이야기를 다루던 중에, 몇 년 전에 들었던 혼다 소이치 회장의 이야기를 떠올리게 된다. 알다시피 혼다 소이치 회장은 일본 '혼다 오토바이와 자동차'의 창업자이다.

일본에는 이륜차의 전통이 없다. 따라서 오토바이에는 무엇과 무엇을 달아야 한다는 정설도 없다. 그래서 나는 이륜차의 전통이 있는 나라의 기술자라면 절대로 만들 수 없는 오토바이를 만들었다.
++시오노 나나미, 『로마인에게 묻는 20가지 질문』, p. 69

　그녀는 해상전 경험이 없었던 로마의 승리 역시 혼다의 오토바이 제작과 같은 맥락에서 이해했다. 로마인이 이길 수 있었던 것은 기존의 시각이 아니라 새로운 시각으로 해상전에 접근했기 때문이다. 해상국은 오랜 해전 경험이 있기 때문에 해전은 이렇게 해야 한다, 저렇게 해야 한다는 공식이 있다. 그러나 로마는 이것저것 고려할 것도 없이 자신들에게 강점이 있는 육상전을 적극적으로 해전에서 살릴 아이디어를 생각해낸다.
　로마군은 카르타고의 함대에 가까이 다가선 다음 '까마귀'라고 불리는 무기를 이용해서 카르타고의 함정을 바짝 끌어당기고 병사들이 상대방의 함대로 옮겨가서 육상전을 벌여 승리를 거둔다.
　로마와 카르타고 사이에 있었던 1차 포에니 전쟁에서 로마는 해전의 방정식 가운데 많은 부분을 깨뜨려버렸기 때문에 승리할 수 있었다. 새로운 시각으로 볼 수 있었기 때문에 절대적인 열세 속에서도 승리할 수 있었던 것이다. 새로운 시각, 즉 발상의 전환이 얼마나 중요한가를 나타내는 한 가지 사례라 할 수 있다.

　'까마귀(뱃머리에 붙어 있는 날카로운 갈고리 모양의 도구로 내려갈 때의 중력 때문에 가까운 거리에 있는 배의 갑판에 떨어져 고정되어 적의 함대를 끌어당긴다. 해상전을 육상전으로 만들 때 사용하는 무기-편집자 주)' 같은 신무기를 생각해낸 것은 로마에 해운의 전통이 없었기 때문이다. 해운국의 뱃사람은 항해술에 자신이 있을 뿐만 아니라, 선박의 미관도 소중히 여긴다. 모든 돛을 활짝 펼친 범선의 아름다움은 바다에 목숨을 건 사나이들의 자부심을 복돋운다. '까마귀' 같은 기묘한 물체를 돛대에 부착하는 것은 그들에게는 배와 바다에 대한 모독이었다. 바다의 사나이가 아닌 로마인은 그런 것에는 전혀 신경을 쓰지 않았다.

++시오노 나나미, 『로마인에게 묻는 20가지 질문』, p. 67

여러 분야의 아이디어를 연결하고 실험하라

창조에 이르는 지름길은 없다. 누군가 그 지름길을 알고 있었다면 당신에게 창조할 수 있는 기회조차 주어지지 않았을 것이다. 여러분의 상사나 동료, 경쟁자들 중에 지름길을 아는 사람은 없다. 때문에 모든 가능성에 문을 열어두어야 한다. 그리고 자신이 추구하는 프로젝트에 초심자의 마음으로 접근할 필요가 있다. 기존 지식이나 정보, 방법에 지나치게 구애받지 않고 할 수 있는 모든 시도를 다 해봐야 한다. 심지어는 엉뚱한 시도나 실수조차도 환영할 수 있어야 한다.

나는 창조를 만들어내는 아이디어는 기본적으로 조합과정에서 나온다고 생각한다. 때로는 창조를 이끌어내는 멋진 아이디어나 방법이 다른 분야에서는 흔하게 사용되고 있지만 자신의 분야에는 도입할 생각을 하지 못했던 방법으로부터 나오는 경우도 많다.

자신의 분야에 지나치게 집착할 필요는 없다. 대학처럼 전공 분야가 이미 결정되어 있는 경우는 편의상 내 분야와 남의 분야가 뚜렷이 구분된다. 그러나 사업의 세계에는 이런 구분이 없다. 고객에게 가치를 제공하는 데 도움이 될 수 있다면 그것이 어느 분야에서 나왔든, 어느 분야에서 주로 사용되는 것이든 간에 어떠한 제약도 있을 수 없다. 문제 해결을 위해서 도움이 되는 것이라면 어떤 것이라도 배울 수 있고 관심을 기울일 수 있어야 하며 사용할 수 있어야 한다.

이런 점에서 자신의 분야 이외에 다른 분야의 관행이나 방식 등을 유심히 조사하고 이를 자신의 분야에 어떻게 이용할 수 있을지 고민하는 것도 도움이 된다. 익숙하지 않은 분야에 관심을 갖기란 쉽지 않은 일이지만, 전혀 다른 아이디어와의 조합과정에서 창조가 생겨난다는 점을 고려하면 꼭 필요한 일이다.

나는 비교적 다양한 분야의 책을 읽는데 그 중요한 이유 가운데 하나는 창조란 기본적으로 아이디어의 연결과정에서 나온다는 사실을 확신하기 때문이다. 시간의 제약 때문에 아직까지 기대하는 만큼 관심의 영역을 넓혀가고 있지는 못하지만, 그래도 창조는 연결과 실험이란 두 단어에 바탕을 두고 있다고 굳게 믿는다. 필자가 지식을 흡수하는 데 유용하게 사용하는 폭넓은 독서도 결국 특정 분야에서 얻은 지식이 연결과 실험과정을 통해 지금 내가 고민하고 있는 문제 해결에 도움이 되기 때문이다.

IDEO사 톰 켈리의 아이디어 가운데 여러분이 참고할 만한 것은 그가 회사에서 널리 사용하는 '아이디어 탐험'이란 관행이다. 물론 IDEO사는 디자인 회사이기 때문에 특별한 면도 있을 것이다. 디자인이야말로 전형적인 창조에 해당한다. 컨셉트와 편의성, 그리고 미적 감각 등 모든 것을 새로 만들어내야 하는 과정이기 때문이다. 톰 켈리의 제안을 들어 보자.

우리는 〈에비테어(Abitare)〉에서 〈줌(Zoom)〉에 이르기까지 100가지 이상의 잡지를 정기 구독한다. 또한 우리는 색다른 웹사이트 검색에서 짜릿한 흥분을 맛보기도 한다. 톰 피터스는 이렇게 말한 적이 있다. "나는 비행기에 탑승하기 전에 공항 가판대에서 으레 15권 정도의 잡지를 사들고 기내에 오릅니다. 그리고 잡지를 휙휙 넘겨 흥미롭고 기이한 기사만 찢어 비행 도중 그것을 정독하죠."
IDEO의 카페 테이블 주변에 모여든 직원들은 흔히 잡지를 휙휙 넘기며 최근의 아이디어, 디자인, 광고를 접한다. 자전거 잡지는 특히 영감을 불러일으킨다. 자전거 회사는 새로운 소재를 끊임없이 실험하기 때문이다. 당신이 좋아하는 서점의 복도를 뒤지며 전에 살펴보지 않은 서가를 들여다보라. 제목과 책의 표지를 대충 훑어보기만 해도 최근의 트렌드를 배울 수 있다.

++톰 켈리,『유쾌한 이노베이션』, pp. 217~218

어떤 방법이 여러분의 아이디어 연결과 실험에 도움이 될지 생각한 다음 가능한 모든 방법을 시도해보라. 책, 잡지, 다른 업종의 관행 등 그것이 무엇이든 여러분의 아이디어 창출에 기여할 수 있도록 연결하고 조합하는 방법을 적극적으로 찾아나서라. '이것은 내 분야가 아니다'는 생각을 버리고 모든 종류의 정보, 지식, 아이디어, 방법에 더하기, 빼기, 곱하기, 나누기 과정을 통해서 새로운 것을 창조한다는 사실을 기억하고 몸에 완전히 익혀야 한다.

고객에게 가치를 제공하기 위해 집중하라

'나는 고객에게 무엇을 제공할 수 있을까?' 이런 소박한 질문에 대한 해답 찾아내기로부터 창조는 시작된다. 고객이 기대하지도 않은 놀라울 정도의 가치를 제공하는 상품이나 서비스를 개발하거나, 이를 가능하게 하는 공정을 찾아내면 여러분은 창조의 주역이 될 수 있다.

이것은 특별한 사람들만 관심을 가져야 하는 일이 아니다. 시장경제라는 잘 짜인 교환의 망 속에서 주고받는 거래를 하면서 살아가는 사람이라면 누구나 고객이 무엇을 원하는가에 관심을 갖고 있을 것이다. 고객이 원하는 것을 충족시킬 수 있는가에 따라 개인이나 조직의 흥망성쇠가 달라지기 때문이다. 이제까지 노력해왔던 다양한 개선활동과 창조의 가장 큰 차이점은 고객이 놀라워할 정도의 만족이나 감동을 제공할 수 있는가 하는 점이다.

고객을 만족시키기 위해서 무엇을 해야 할까? 의식과 무의식의 한 부분은 항상 고객에게 초점을 맞추고 있어야 한다. 창조에 성공하는 사람들은 단순히 고객을 돕는 수준을 넘어서서 고객을 사랑하는 수준까지 자신의 기대수준을 높게 잡는다. 사랑에 빠졌을 때를 떠올려보라. 상대방이 즐거워하는 일이라면 무엇이든 하려고 노력했을 것이고 무엇이든 할 수 있다고 생각했을 것이다. 창조란 바로 이런 자세에서 일어난다. 단순히 돈벌이나 의무감에서 하는 것이 아니라 고객의 편리함이나 기쁨과 같은 가치를 충족시키기 위해 헌신하다 보면 창조의 길이 열린다.

여러분의 상품과 서비스를 직접 사용하는 고객들을 만나보라. 그들이 어떤 방법으로 여러분의 상품과 서비스를 사용하고 있는지 관찰해보라. 어떤 부분이 불편한지, 어떤 부분에서 어려움을 느끼는지 찾아보라. 그리고 고객들이 기대수준을 한껏 높였을 때 무엇을 원하는지 알아보라. 하지만 고객들도 자신이 무엇을 진정으로 원하는지 모를 수 있다. 그들 역시 과거의 경험에서 크게 벗어나지 못하기 때문이다. 고객을 왕처럼 모셔야 하지만 고객이 원하는 것이 전부가 아니라는 사실도 항상 기억해야 한다. 상식을 뛰어넘는 상상력이 필요한 이유가 여기에 있다.

상상력을 발휘하기 위해선 여러분이 갖고 있는 오감을 총동원해야 한다. 사용하는 데 익숙한 시각이나 청각뿐만 아니라 그동안 제대로 사용하지 않았던 다른 감각들도 총동원해서 고객들의 니즈와 욕구를 제대로 파악하기 위해 노력해야 한다. 고객을 유심히 예리하게 관찰하는 일, 고객에게 묻고 의견을 경청하는 일, 고객의 심리를 파악하는 일은 있는 그대로를 보려는 열린 마음을 갖고 있어야 성공할 수 있다. 늘 그렇듯이 과거의 경험이나 선입견은 고객을 있는 그대로 바라보는 일을 방해한다.

여러 명의 피부과 의사들이 힘을 모아 만든 치료용 화장품이 인기를 끄는 것을 보았다. 물론 그 성과는 창조라고 부를 만한 정도는 아니다. 아직 넘어야 할 산이 많지만 문은 열려 있는 셈이다. 오랜 역사를 가진 화장품 회사들이 철옹성같이 지키고 있던 시장에서 그들은 전문가들이 연구해서 만든 화장품이라는 '새로운 개념'을 만들어내는 데 성공했다. 게다가 전문가들이 만들면 무엇인가 다를 거라고 생각하여 기꺼이 더 많은 돈을 지불하고 고급 제품을 구입한다는 점에 주목했다.

나는 이 상품을 처음 보았을 때 이제까지 이런 상품이 왜 등장하지 않았을까 하는 질문을 던져보았다. 그동안은 구매력을 가진 사람들이 충분하지 않았을 것이고, 소규모로 제작된 상품을 알릴 수 있는 마케팅 수단도 부족했을 것이다. 이제 두 가지 모두 상황이 바뀌었다.

하지만 무엇보다 중요한 것은 사람들이 진정으로 원하는 것에 주목하지 못했다는 이유가 더 클 것이다. 그들이 본 것은 사업의 기회였겠지만 사람들이 무엇을 원하는가에 관심을 가졌기 때문에 가능한 일이다. 범용 화장품이 아니라 전문가들의 지식과 노하우가 들어간 특별한 화장품을 원하는 사람들이 많다는 사실을 알아차린 것이다. 그동안 수많은 피부과 의사들이 있었지만 화장품 분야에까지 진출할 생각은 하지 못했다. 하지만 그들은 환자들을 치료하고 관찰하면서 특별한 대우를 원하는 고객들이 많다는 사실을 깨달았다. 고객들의 욕구를 정확하게 간파한 것이다. 그들은 그 아이디어를 실행에 옮겨 큰 성공을 눈앞에 두고 있다.

피상적으로 고객을 관찰하는 것이 아니라 심층적으로 고객의 내면세계를 유심히 관찰해보라. 아마도 그곳에 엄청난 기회의 문이 열리기를 기다리고 있을 것이다. 무심한 눈으로 시장을 바라보면 모든 기회의 문은 꼭꼭 잠겨 있다. 고객을 관찰할 때도 '지나치게 집요하다'고 할 정도로 철저하게 파헤친다는 집념이 중요하다. 또한 '고객이 진짜 원하는 것은 무엇일까?'라는 질문을 늘 자신에게 던지는 것도 많은 도움이 된다. 일상 시간 속에서도 고객에 대한 진지한 탐구가 생활화되어야만 창조의 기회를 잡을 수 있다.

언젠가 20세기의 걸출한 팝 아티스트 앤디 워홀(Andrew Warhola)에 관한 특집 방송을 보다가 "비즈니스를 잘 하는 일은 최고의 예술이다"라는 말을 들었다. 정말 멋진 말 아닌가? 사업을 잘 하기 위해서 가장 처음에 필요한 일은 고객의 필요와 욕구를 정확하게 읽어내는 것이고, 그 다음에는 이를 충족시켜주는 것이다. 그것이야말로 최고의 예술이다. 대단한 예술 말이다.

02_
개인의 창조력을 배양하는 팀

확고한 의지를 가진 리더를 선발하라

창조는 고독한 천재의 산물일 때도 있지만, 대부분 최고의 팀 작업으로부터 나온다. 이따금 천재적인 개인이 부각되기도 하지만 그 속사정을 자세히 들여다보면 팀 작업으로 이루어지는 경우가 많다.

예를 들어 6년이란 짧은 기간 동안 400여 종의 특허를 만들어낸 에디슨은 창조적인 개인의 대명사로 통한다. 하지만 에디슨의 업적은 에디슨이란 팀 리더를 중심으로 한 14명의 팀원들이 이루어낸 작품이다. 에디슨이 만들어낸 전신, 전화, 축음기, 백열전구 등과 같은 획기적인 창조는 대부분 프로젝트 팀의 결과물이라 할 수 있다. 때문에 에디슨의 조수로 오랜 세월을 함께 일했던 프랜시스 젤(Francis Jehl)은 "에디슨은 사실 집합명사이며 많은 사람들의 이름을 대표합니다"라고 말하기도 했다.

오늘날 어느 조직을 가더라도 다양한 팀을 만날 수 있고 팀이 조직활동에서 중심이 되고 있다. 팀은 특정 프로젝트를 성공적으로 수행하기 위해 만들어진 사람들의 모임이기 때문에 팀의 규모나 성격은 프로젝트의 성격에 따라 다양하다. 특히 수직적인 조직보다는 수평적인 조직이 생산성 향상에 도움이 된다는 믿음 때문인지 요즘은 어느 조직이든 팀 활동을 활성화시키고 있다. 하지만 모든 팀이 기대한 만큼의 성과를 만들어내는 것은 아니다.

때로는 자신들의 업무영역이 다른 팀에 침범당하지 않을까 고심하기도 하고, 내부에서 이루어지는 자원배분 과정에서 행여나 손해 보지 않을까 걱정하기도 한다. 이따금 조직 전체의 목표 달성에는 관심이 없고 더 많은 권한과 자원을 얻어내기 위해 사내 정치에 몰두하는 팀도 있다. 일부 조직에서는 지나치게 많은 팀 때문에 조정과 통제의 문제가 발생하고, 이로 인한 경영의 비효율성 때문에 힘들어하는 경우도 생겨난다. 관성이나 관행, 타성에 의해 굴러가는 팀도 드물지 않게 만날 수 있다.

조직은 늘 새로운 문제를 만날 수밖에 없고, 이 때문에 새로 등장하는 프로젝트를 중심으로 팀 조직이 생겨난다. 그러나 팀의 목적과 기간을 뚜렷하게 정하지 않으면 조직이 가진 자원을 낭비하게 된다. 조직이 가진 자원은 제한되어 있으므로 무기력한 팀이 계속해서 만들어진다면 조직의 경쟁력이나 활력에 부정적인 영향을 끼치게 된다.

그렇다면 팀 조직에서 우선적으로 필요한 것은 창조를 이루겠다는 확고한 의지를 갖고 있는 팀 리더의 존재이다. 규모나 성격과 관계없이 팀이 성공하려면 우선 탁월한 팀 리더가 있어야 한다. 유능한 팀 리더는 자신에게 맡겨진 프로젝트의 본질을 명확하게 이해하고, 팀이 만들어내야 할 결과물이 무엇인지 정확하게 파악하고 있다. 누구나 예상할 수 있는 수준의 결과물이 아니라 어느 누구도 미처 생각하지 못했던, 누구나 불가능하다고 생각했던 목표를 팀 리더가 제시할 수 있어야 한다.

위에서 일방적으로 지시한 목표에 만족하는 것이 아니라, 자신이 이끄는 팀이 달성해야 할 목표수준을 한껏 끌어올릴 수 있는 리더가 필요하다. 그런 팀 리더라면 당연히 원대하고 야심적인 목표를 설정할 것이다. 또한 그런 팀 리더는 스스로에 대한 기대수준이 높기 때문에 팀원들에게도 같은 수준을 요구한다. '내가 해내는 것만큼 여러분도 해낼 수 있다'는 신념은 팀 구성원들이 목표 달성을 위해 헌신하는 데 큰 도움이 된다.

창조는 놀랄 만한 걸출한 성과를 요구한다. 창조를 성공적으로 달성해내려면 우선 팀이 추구하는 목표를 어디에 둘 것인가가 중요하다. 팀 리더가 원대한 목표를 정하고 스스로 전의를 불태우지 않는다면 팀원들이 목표를 향해 헌신하도록 유도할 수 없다. 창조적인 조직에서 최고경영자가 중요하듯이, 프로젝트가 성공하기 위해선 걸출한 팀 리더의 존재가 대단히 중요하다.

신화 창조에 강력한 도전의식을 가진 팀 리더의 존재, 그리고 그가 설정하는 원대한 목표야말로 팀의 성패에 결정적인 영향을 미친다. 유능한 팀 리더를 선발하라! 그것이 바로 창조경영을 위한 팀 차원의 첫 번째 선택이라 할 수 있다.

팀원 선발은 팀 리더의 의견을 적극 반영하라

누구와 함께 일할 것인가를 결정하는 것은 팀의 성공에 중요한 역할을 한다. 팀원의 선발이 직급과 연령, 기존의 업무경험 등에 따라 기계적으로 이루어지면 그 팀은 적당한 수준의 성과밖에 내지 못할 가능성이 높다. 프로젝트의 성격에 맞는 인재를 뽑는 일이 중요함에도 불구하고 팀 리더에게 권한이 거의 주어지지 않는 경우가 많다. 위에서 내려오는 일방적인 지시에 따라 팀 리더와 팀원들이 결정되고, 그런 틀 내에서 팀 리더에게 무조건 대단한 성과를 만들어내라고 요구하는 일이 흔하게 일어난다.

만일 조직이 어떤 프로젝트를 통해 평범한 결과물이 아니라 창조에 버금갈 결과물을 얻기를 원한다면, 팀원들의 선발과정에 깊은 관심을 가져야 한다. 철두철미하게 능력 위주로 인선이 이루어져야 하고, 팀 리더의 의견을 상당 부분 반영해야 한다.

창조는 직책이나 직위, 경험에 비례하지 않는다. 창조는 최고의 멤버들로 구성된 팀으로부터 나오는 것이지 평범한 멤버들로부터 나올 수 없다. 여기서 우리가 기억해야 할 단어는 '적재적소'이다. 즉 특정 프로젝트에 맞는 인재를 선발해야 한다. 그리고 프로젝트에 스스로 헌신할 수 있는 마음가짐을 가진 인재를 구해야 한다.

따라서 팀 리더에게 상당한 권한이 주어져야 한다. 팀 리더는 프로젝트의 성공을 책임지는 사람이다. 그는 인사부서와 상급자에 비해서 프로젝트의 성공에 자신의 미래를 건다. 때문에 그는 관례나 관행에 따라 팀원들을 선발하는 것이 아니라, 일을 하는 능력이나 열정에 따라 사내

외에서 사람을 구하려 할 것이다.

　이 부분에서 우리가 자주 저지르는 실수는 인재란 범용적인 성격을 띤다고 생각한다는 점이다. 그러니까 갑이란 프로젝트에서 일을 잘 하는 사람은 을이란 프로젝트에서도 일을 잘 할 것이라고 가정한다. 게다가 조금 부족한 점이 있더라도 보완해가면서 일하면 된다고 생각하는 경향이 있다. 그러나 필자의 경험에서 보면 이러한 가정은 잘못된 것이다. 사람은 저마다 강점이 다르다. 특정 프로젝트에 적합한 인재가 있고 그렇지 않은 인재가 있다. 따라서 프로젝트의 성격과 목표를 정확하게 아는 팀 리더가 팀원들의 인선과정에 적극적으로 참여할 수 있도록 해야 한다.

　물론 어느 조직이든 프로젝트 간에 자원배분을 두고 갈등이 일어날 수 있다. 그러나 프로젝트를 명령하는 상급자는 어떤 프로젝트가 더 중요한지 알고 있을 것이다. 조직의 미래를 위해 창조가 요구되는 프로젝트에 우선적으로 인재와 자금을 배분해야 한다. 또한 이 과정에서 팀 리더의 의견을 적극적으로 수용하여 적재적소에 배치해야 한다.

　팀원들의 단점을 보완해가면서 프로젝트를 수행해나가기란 무척 어려운 일이다. 창조를 만들어내는 프로젝트는 더더욱 그렇다. 이따금 팀원들이 팀 리더를 선택하는 경우도 있지만 우리의 조직문화에 비추어 보면 그 방법은 자연스럽거나 효과적인 방법은 아닌 듯하다.

　조직은 그 속성상 지시와 통제를 기초로 한다. 프로젝트를 수행하기 위해서 팀원들도 일방적인 지시나 통제에 의해 움직일 수 있다. 그러나 창조를 만들어내는 조직이라면 직원들의 마음가짐에 깊은 관심을 가져야 한다. 만약 팀원들이 위로부터 일방적인 지시를 받고 특정 팀에 배정되었다면 프로젝트에 몰입하기가 어렵거나 몰입 단계에 들어가는 데 시간이 많이 걸릴 수도 있다. 따라서 팀 리더는 팀원들이 특정 프로젝트에 참가하기 전에 충분히 생각할 수 있는 여유와 시간을 주어야 한다.

창조는 자신의 전부를 걸지 않으면 나올 수 없기 때문에 '내가 기꺼이 참여하여 무엇인가를 확실히 보여주고야 말겠다'라는 내면의 결의가 없다면 불가능하다. 단순히 물질적인 보상을 뛰어넘어 팀원들 자신이 '이번 프로젝트는 전부를 걸고 도전해볼 만한 과제다'라고 스스로 의미를 부여할 수 있을 때만이 창조를 만들어낼 가능성이 높아진다.

팀 리더가 조직 구성원들을 뽑을 때 톰 켈리가 제시하는 '이노베이터의 10가지 모습'이 도움이 될 것이다. 다음의 10가지 특성을 가진 인재들이 팀에 골고루 포진될 수 있다면 그만큼 창조를 달성할 가능성이 높다. 이상적인 기준이긴 하지만 최강 팀 구축을 소망한다면 참조할 만한 비유이다.

문화인류학자(조직에 새로운 학습과 통찰을 가져오는 사람), 실험자(끊임없이 프로토타이핑하고 모험적인 실험을 하는 사람), 타화수분자(새로운 영감과 통찰을 기업의 필요와 접목시키는 사람), 허들러(장애물을 극복, 제거하기 위한 기술을 개발하는 사람), 협력자(그룹간에 새로운 형태의 협력을 이끌어내는 사람), 디렉터(사람들을 모으고 창의적인 재능에 불꽃을 일으키는 사람), 경험건축가(아주 깊은 수준에서 고객의 발현된 혹은 잠재적 욕구를 충족시키는 사람), 무대연출가(물리적 환경을 이노베이션의 강력한 도구로 바꾸는 사람), 케어기버(서비스 차원을 넘어 고객의 필요를 충족시키는 사람), 그리고 스토리텔러(기업문화를 강화하는 감동적인 이야기를 개발하는 사람).

++톰 켈리·조너던 리트맨, 『이노베이터의 10가지 얼굴』, pp. 21~26

목표 설정과 효과적인 피드백을 활용하라

생각에도 습관이란 것이 있다. 사람들이 지역, 국가, 인종, 학교 등과 같은 인위적인 범주에 따라 '우리'와 '그들'을 나누어 생각하듯이, 투입과 대비도 비례한다는 생각의 습관을 갖고 있다. 예를 들면 많은 것을 투입하면 더 좋은 결과를 얻을 수 있다든지, 투입에 비례해 산출이 늘어난다든지 하는 막연한 믿음을 갖고 있다. 때문에 사람들은 산출에 해당하는 창조는 많은 시간과 자원, 에너지가 투입되어야 한다고 믿는다.

팀 리더 스스로도 팀원들에게 충분한 시간과 자원 등 많은 투입물이 주어질 때만이 창조라고 부를 만한 성과가 나올 수 있다고 생각하는 경우가 있다. 그래서 팀 리더가 "창조가 이루어지기 어려운 중요한 이유 가운데 하나는 더 많은 자원과 인력, 시간이 주어지지 않기 때문이다"라고 말하기도 한다. 팀 리더가 이런 생각을 갖고 있다면 팀원들은 말할 필요도 없다. 이런 팀 조직이라면 창조에 성공할 가능성은 낮다. 부진의 원인을 항상 외부, 즉 투입자원의 부족에서 찾기 때문이다. 한마디로 긴장감이 크게 떨어진 팀이 될 수밖에 없다.

창조에서 '투입에 비례해 산출이 이뤄진다'는 것은 절반만이 진실이다. 양적인 면에서 보면, 대규모 투입이 창조를 낳는다는 것은 사실이 아니다. 아무리 많은 인력과 자원을 투입하더라도 양적인 개념의 중요성에 지나치게 치우친 팀이라면 창조에 성공할 가능성은 낮다. 반면에 질적인 면에서 보면, 산출이 투입에 비례한다는 것은 사실이다. 다시 말하면 느슨한 투입이나 양적인 투입이 아니라 집중적인 투입이 창조에 성공할 가능성을 높여준다.

때문에 팀 리더는 이 점을 팀원들에게 충분히 이해시킬 필요가 있다. 창조의 성패는 개개인이 자신이 맡은 업무에 대한 집중도와 몰입도를 어느 정도 끌어올릴 수 있느냐에 따라 크게 좌우된다. 팀 리더가 업무의 몰입도와 집중도를 끌어올릴 수 있는 방법은 여러 가지가 있다. 물리적인 환경을 개선하는 것도 한 가지 대안이다.

여러 가지 대안 가운데 필자가 중요하게 여기는 것은 피드백의 활성화이다. 팀원들 각자가 짧은 시간 동안이라도 열의를 갖고 전력을 기울인다면 창조의 가능성은 한층 높아진다. 팀 리더가 팀원 개개인과 함께 명확한 목표를 설정하고, 추진한 결과를 점검하고, 추가적인 조치에 대해 의논하는 절차가 필요하다. 이때 피드백 시간을 짧게 잡는 것이 좋다. 물론 팀 리더는 효과적인 피드백 방법을 나름대로 연구하고 개선할 필요가 있다.

다시 말하면 피드백 과정이 얼마나 제대로 이루어지느냐에 따라 창조의 가능성은 크게 달라질 수 있다. 창조에서 양적 투입에 비중을 두는 팀 리더는 넉넉한 시간을 주고 팀원들에게 다양한 방법을 실험해보라고 요구하기도 한다. 중간중간 점검하는 과정도 없이 지나치게 많은 시간과 자원을 알아서 사용하도록 허용하는 것이다. 이런 방법은 인간의 지적 에너지를 분산시키고 시간과 에너지를 모두 낭비하게 만든다.

목표 설정과 효과적인 피드백이 자주 이루어지면, 그만큼 팀 차원에서 창조가 일어날 가능성이 높아진다. 『피드백 이야기』를 집필한 리처드 윌리엄스(Richard Williams)는 효과적인 피드백 요소를 제안하고 있는데 이 가운데 눈여겨볼 제안은 다음의 6가지로 요약할 수 있다.

첫째, 팀 리더는 피드백을 주기 전에 생각을 정리하고 확실한 사례나 해답을 마음속에 준비해두어야 한다.

둘째, 팀원들이 리더의 피드백에 대해 엉뚱한 추측을 하지 않고 정확하게 이해할 수 있도록 전달해야 한다.

셋째, 상대방의 일하는 자세나 생각, 태도 등이 아니라 눈에 보이는 결과나 평가가 가능한 부분에 집중해야 한다. 모호한 부분이 피드백의 대상이 되어선 안 된다.

넷째, 팀원들이 피드백을 편안하게 받아들일 수 있는 장소와 시간을 선택해야 한다. 피드백을 하는 장소나 분위기도 중요하다.

다섯째, 피드백 가운데 지지하는 부분과 수정할 부분이 균형을 이루도록 해야 하며, 절대로 감정적인 피드백이 되지 않도록 주의해야 한다. 감정적인 피드백을 피하기 위해서라도 사전에 충분히 계획하여 실시할 필요가 있다.

여섯째, 일방적인 소통이 아니라 상대방의 이야기를 경청할 수 있어야 한다. 팀원들도 피드백 과정에 참여하고 있다는 느낌을 갖도록 한다.

대면 접촉을 통해 아이디어의 충돌과 조합을 증가시켜라

창조란 언제 일어나는가? 아이디어, 정보, 지식, 경험의 충돌과정에서 이루어진다. 어떤 기획 아이디어를 만들어내기 위해 고심하는 경우를 가정해보자. 팀원들 사이의 소통방법은 우선 전화를 생각할 수 있다. 전화는 육성을 통해서 각자의 생각이나 아이디어를 교환하는 방법이다. 그 다음에 이메일을 들 수 있다. 이메일은 텍스트 형식으로 각자의 생각이나 아이디어를 나누는 방법이다.

두 가지는 업무를 지시하는 방법으로 손색이 없지만 창조를 만들어내는 방법으로 효과가 떨어진다. 물론 이러한 주장은 수년간 아이디어를 만들어내는 과정을 경험하면서 얻은 필자의 개인적인 믿음이다. 아이디어를 찾아내는 것도 창조의 한 부분임을 생각한다면 이 믿음은 그대로 창조에 적용할 수 있다.

창조과정에서 팀원들이 서로의 얼굴을 마주 보면서 하는 자연스러운 대화가 많은 도움이 된다. 물론 팀 회의 같은 곳에서도 대화가 이루어져야겠지만, 그보다 더욱 강력한 방법은 두 사람 혹은 세 사람이 자연스럽게 둘러앉은 자리에서 혹은 선 채로 자신이 추구하고 있는 프로젝트의 진행에 대해 대화를 나누는 일이다.

이처럼 소수의 사람들이 자연스럽게 만나서 나누는 비공식적인 대화에서 사람들은 상대방의 얼굴 표정, 말투, 느낌 등의 미세한 변화를 감지하게 된다. 그리고 이런 과정을 통해 정보의 흐름이 자연스럽게 이루어진다. 상대방의 이야기를 들으면서, 때로는 자신의 의견을 이야기하면서 진행하고 있는 프로젝트에 대한 아이디어가 떠오르는 경우가 많다.

대면 대화를 통해 아이디어의 충돌과 조합이 활발하게 이루어진다고 생각된다. 물론 이런 방법은 앞으로 엄밀한 검증과정을 거쳐야겠지만, 필자의 개인적인 경험뿐만 아니라 작은 단위의 프로젝트를 수행해본 경험이 있는 사람들은 이 방법에 확신을 가지고 있다.

이런 점에서 팀원들 사이의 공간이나 거리 개념은 무척 중요하다. 특정 프로젝트를 추진하는 팀원들이 사무실 사정 때문에 여기저기 흩어져 있는 경우에는 아이디어의 창출이란 면에서 구조적인 장애물을 안고 있는 셈이다. 조금 옹색하더라도 좁은 공간에서 서로 부대끼면서 함께 프로젝트를 추진하는 것이 효율적이다.

창조에서 집적의 이득은 중요한 요소라고 생각한다. 정보기술이 놀라울 정도로 발전하더라도 팀원들 사이에 이루어지는 대면 접촉과 대화만큼 창조에 효과적인 방법도 없기 때문이다. 이런 주장은 이미 팀 차원이 아니라 산업의 클러스터(cluster)라는 개념으로 받아들여진 지 오래되었다. 특정 공간에 비슷한 업무를 하는 조직들이 집적되어 있는 경우 정보의 흐름이 원활해지고, 이런 과정에서 새로운 아이디어와 상품의 출현이 원활해진다는 주장이다. 이런 주장의 범위를 좀더 좁히면 팀 차원에도 그대로 적용될 수 있다고 본다.

따라서 팀 리더는 팀원들이 자주 만날 수 있는 공간을 조성하는 데 깊은 관심을 가져야 한다. 우선 필요한 것은 지나치게 넓은 공간에 흩어져서 일하지 않도록 하는 일이다. 그 다음에 필요한 것은 팀원들이 이동하는 동선에서 대화를 나눌 수 있는 기회를 활성화시키는 방법에도 주목해야 한다. 끝으로 공식적인 회의도 대면 접촉과 같은 분위기를 느낄 수 있도록 유도한다.

개인의 독특한 창조성을 조화로운 협력으로 이끌어라
창조를 위한 프로젝트는 한편으로 팀 플레이 성격을 지니면서도 다른 한편으론 탁월한 개인의 재능을 필요로 한다. 탁월한 인재일수록 개성과 개인주의적 성향이 강한 편이다. 팀 리더의 임무는 이들 사이에서 조화로운 협력을 이끌어내는 것이다. 유대인에 관한 책을 읽다가 적합한 사례를 찾을 수 있었다. 유대인들이 평생 동안 지켜야 하는 두 가지 의무, 즉 '해변의 모래'와 '하늘의 별'은 창조를 위한 팀 조직에도 시사하는 의미가 크다. 유대인에 대해 오랫동안 연구해온 현용수 박사는 하나님은 유대인에게 2가지 삶을 동시에 요구하셨다고 한다.

모래는 각각 흩어지면 힘이 없다. 의미가 없다. 가치가 없다. 수많은 비슷한 모래들이 서로 연합하여 뭉쳐야 제방을 쌓아 바닷물을 막을 수 있다. 개개의 모래들은 물에 휩쓸려 떠내려간다. '바닷물'은 세상살이의 파도 또는 사탄의 세력을 뜻한다. 따라서 유대인은 하나로 뭉쳐 악의 세력을 막으라는 뜻이다. 둘째, 하늘의 별은 캄캄한 밤에 홀로도 빛을 발할 수 있다. 이것은 유대인은 공동체 속에서 각자 어디에 있더라도 의미 있고 가치 있는 인간이 되라는 뜻이다. 즉 아브라함의 자손들이 언제나 모래알과 별과 같이 상충되는 역할을 조화롭게 수행하라는 뜻이다.

++현용수, 『자녀들아, 돈은 이렇게 벌고 이렇게 써라』, p. 405

창조를 위한 팀 조직은 공동의 목표를 추구한다는 점에서 '하늘의 별'이, 그리고 각자가 창조를 주도하는 인물로 자리매김해야 한다는 점에서는 '해변의 모래'가 되어야 한다. 개인의 독특한 창조성과 팀원들 사이에 유기적인 협력이 서로 충돌하지 않고 어떻게 조화를 이룰지에 대한 교훈으로 생각해볼 수 있다.

창조는 추구하는 목표를 이루기 위해 신선한 아이디어를 찾아내는 아이디어맨이 있어야 하며, 이런 아이디어가 과연 적용 가능한지, 다른 분야에서 어떻게 사용되는지 등과 같이 아이디어의 응용 가능성을 점검하는 사람이 있어야 한다. 또한 이런 아이디어들을 모아서 하나의 체계화된 시스템으로 개념화함으로써, 추상적인 아이디어의 창조뿐만 아니라 실행 가능한 창조를 만들어내는 사람이 있다. 이들을 하나의 팀워크로 묶기 위해서는 팀 리더가 팀원들 사이에 협력관계를 강화하는 특별한 노력을 기울여야 한다.

팀워크를 강화하는 첫 번째 방법은 팀을 구성하는 멤버들에게 함께 추구하는 목표의 가치와 의미를 분명히 인식시키는 일이다. 가치 있고 의미 있는 일을 함께 도모하는 사람들은 강한 연대의식을 가질 수 있다. 그들이 공동의 목표를 갖는다면, '우리는 지금 무엇을 해야 하는가?'라는 질문에 대한 답을 구할 수 있을 것이다.

이러한 공감대는 팀원들에게 창조를 향한 추진력을 지속적으로 제공한다. '왜 이처럼 헌신해야 하는가?' 팀 리더는 이런 질문에 대한 확고한 답을 팀원들이 구할 수 있도록 메시지를 반복적으로 들려주어야 할 책임이 있다. 프로젝트를 추진하다 보면 중간에 난관도 생기고 집중적인 노력에 따라 피로감도 누적되게 마련이다. 이런 상황을 극복하고 최종적인 목표를 성취해내려면 뚜렷한 명분과 목표가 반드시 필요하다.

두 번째 방법은 팀원들 스스로 다른 팀원들의 개성을 존중하고 신뢰하는 것이다. 우리 모두는 정말 다르다. 이런 사실을 기꺼이 받아들이고 상대방의 헌신과 노고에 대해서 인정할 수 있다면 팀원들 사이에 신뢰를 쌓아갈 수 있다. 의견이나 아이디어의 충돌은 개인적인 충돌과는 별개의 사안으로 받아들이고 함께 공동의 목표를 추구해간다는 사실을 서로가 인식한다면 큰 도움이 될 것이다. 서로 다른 의견을 가진 동료들조차 다름 그 자체를 인정하고 상대방을 존중하라!

그밖에 서로에 대한 이해와 팀 차원의 화합을 이끌어낼 수 있는 사적인 모임을 갖는 것도 좋은 방법이다. 물론 이런 모임도 지나치지 않는 범위 내에서 이루어지면 팀워크를 다지는 데 일종의 윤활유와 같은 역할을 한다. 사적인 것과 공적인 것 사이에 적절한 균형을 맞추어가는 일은 팀 리더가 해야 할 중요한 역할이다.

팀원들이 행복하게 일하도록 만들어라

성과에 대한 압박감은 어느 정도 창조를 만들어내는 데 도움이 되지만 지나친 압박감은 시야를 좁게, 그리고 단기적으로 만들어버린다. 게다가 지나친 압박감은 자칫 재능과 창의성이 분출되는 통로를 막아버릴 수도 있다. 창조를 하는 멋진 방법은 하고 있는 일 자체나 매순간을 즐겁고 유쾌하게 받아들이면 된다. 우리가 일을 하면서 특히 주의해야 할 점은 지쳐 나가떨어지지 않도록 하는 것이다. 이런 상황은 자기 자신에게 부정적인 영향을 끼칠 뿐만 아니라, 신경이 날카로워져서 주변 사람들에게도 부정적인 영향을 끼치게 된다.

그래서 팀 리더는 팀원들이 치열하게 자신의 일을 하지만 결코 지치지 않는 방법을 권해야 한다. 치열하게 목표를 추구하지만 때로는 느슨하게 긴장을 풀 수 있도록 팀 리더가 유도해야 한다. 다시 말하면 일하는 것과 쉬는 것, 노는 것 사이에 적절한 조화를 이룰 수 있도록 해야 한다. 열심히 일한 다음 약간의 휴식을 취하는 이완의 시간 동안 창조가 이루어지는 경우도 많다.

팀 리더는 팀원들 각자의 일하는 방법이나 스타일을 유심히 관찰하고 지칠 때까지 몰아붙이거나 과도한 야근으로 지쳐가는 사람이 있다면 휴식을 취하도록 권한다. 중장기적으로는 일이나 휴식과 관련해서 좋은 습관을 갖도록 해야 하고, '잘 쉬는 사람이 일도 잘 한다'는 메시지를 반복해서 들려준다. 그리고 '피로는 우리 모두를 바보로 만들 수 있다'는 조언도 아끼지 않는다.

즐겁고 유쾌하게 하라! 이것이 팀 리더가 팀원들에게 거듭 강조해야 할 부분이다. 또한 팀원들 사이에 원만한 인간관계가 유지될 수 있도록 조치하는 일도 팀 리더가 해야 할 일이다. 팀원들은 대부분의 시간을 공동의 프로젝트를 수행하면서 함께 보낸다. 그렇다면 함께 일하는 그 자체가 즐겁고 유쾌해야 한다.

그 다양한 요인 가운데 무시할 수 없는 부분은 서로를 배려하는 자세나 마음가짐이다. 그러나 모두가 다른 사람들을 배려하는 것은 아니다.

만일 조직 내부에 다른 사람들을 무시하거나 안하무인으로 활동하는 사람이 있다면 이런 사람으로 인해 조직이 치러야 할 비용이 만만치 않다. 이런 성향을 가진 사람들은 개성이 강하고 자신에 대한 자의식이 강할 뿐만 아니라 업무능력이 뛰어날 수도 있다. 이런 상황이 발생하면 팀 리더는 딜레마에 빠져든다. 한 사람의 개성을 보호하자니 계속 팀원들 내부에 불화가 생기고 팀원들 스스로가 일터에서 느끼는 불만이 커져간다.

특히 창조를 요구하는 프로젝트에선 혼연일체라고 부를 정도로 팀원들 전부가 자신의 모든 것을 쏟아부으려는 마음가짐과 자세가 필요하다. 때문에 일하는 장소에서 반복적으로 발생하는 불쾌함이나 불협화음을 철저하게 방지해야 한다. 타인을 전혀 배려하지 않는 구성원이 불쾌함과 갈등을 수시로 일으킨다면 그 팀은 창조의 가능성에서 점점 멀어질 것이다. 이런 상황에 부닥치면 팀 전체 차원에서 신중하게 판단하고 적절한 조치를 취해야 한다. 창조적인 개인도 필요하지만 팀워크도 못지 않게 중요하기 때문이다.

팀 리더는 '즐겁고 유쾌하게 일하는 데 방해가 되는 요인은 무엇인가?', '내가 팀원들을 도울 수 있는 방법은 무엇인가?'라는 질문을 수시로 자신에게 던지고, 이에 대한 답을 찾아내야 한다. 그리고 늘 팀원들의 활동을 유심히 지켜보고 그들을 도울 수 있는 방법을 찾아 실천한다.

이는 팀 리더가 팀원들 개개인의 활동을 상당 수준 파악하고, 각각의 활동에 대한 피드백을 수시로 할 때만이 가능한 일이다. 팀원들의 활동에 대해 세세한 부분까지 파악하지 못하는 상태라면 그들을 도울 수 있는 방법을 찾기도 어려울 것이다.

팀원들이 심리적 한계를 뛰어넘도록 하라

창조는 연속에서 나오는 것이 아니다. 창조는 완전히 새로운 개념이나 발상에서부터 나온다. 때문에 창조는 과거와의 단절을 의미하기도 한다. 모범적인 삶을 살아온 사람들에게는 과거와의 단절이나 과거로부터 벗어나 크게 도약하는 일이 익숙하지 않다. 꽉 짜인 조직생활은 자신도 모르게 매사를 주변 사람들의 생각이나 행동, 전망에 맞추도록 만든다. 더욱이 시스템이 잘 짜인 조직에서 오랫동안 일해온 팀원이라면 주변의 시선이나 판단에 맞춰 자신을 조정하는 데 익숙할 것이다.

팀 리더는 심리적 한계를 뛰어넘는 일과 관련해서 두 가지를 염두에 두어야 한다. 먼저 젊은 팀원들의 새로운 생각이나 아이디어 제시에 대해 항상 열린 마음을 갖고 있어야 한다. 리더가 의도적으로 노력하지 않는다면 자신이 갖고 있는 경험이 오히려 걸림돌이 되어 자신에게 익숙한 것에 우선순위를 둘 가능성이 높기 때문이다. 특히 창조적인 프로젝트를 진행하는 팀 리더라면 팀원들이 그동안 익숙한 믿음, 판단, 사고 등으로부터 벗어날 수 있도록 유도해야 한다.

얼마 전에 신간을 펴낼 때의 일이다. 책에서 제목이 매우 중요하기 때문에 출판사는 편집의 마지막 단계에서 제목을 정하는 일에 큰 비중을 둔다. 젊은 편집자가 일찍부터 정한 제목이 윗선에서 브레이크가 걸렸다고 알려왔다. 물론 2~3주 정도 시간을 두고 시장조사를 한 다음 원래의 제목을 따르기로 결정했지만 출간일자는 한 달 정도 미루어졌.

젊은 편집자로부터 "제목이 사장님과 임원분들이 보기에 적당하지 않다고 판단되어 다시 원점에서 시장조사를 해보기로 했습니다"라는 연락을 받고 다음과 같은 이야기를 해주었다.

"아무래도 젊은 사람들의 몫이지요. 지금 정한 제목이 조금 독특하긴 하지만, 감각적으로 젊은 사람들이 원하는 책이니까 젊은 사람들이 더 잘 하리라 믿습니다. 이럴 때는 큰 문제가 없는 한 그냥 젊은 편집자에게 맡겨두는 편이 좋은데."

나는 편집자와 대화를 나누면서 나이를 먹으며 부단히 노력하지 않으면 변화의 속도를 따라가기가 힘들다는 생각을 해보았다. 다행히 추가적인 조사를 거쳐서 기존의 제목으로 출간하기로 했지만, 나는 이 일을 계기로 새로운 생각을 수용하는 윗사람의 자세에 대해 생각해보았다.

인기를 끌었던 『공병호의 초콜릿』이라는 책도 그런 경우에 해당한다. 초콜릿 색깔의 표지에 책 제목으로 아주 이례적인 '초콜릿'이란 단어가 붙었다. 당연히 익숙하지 않기 때문에 반발을 보이는 것이 정상이다. 그러나 젊은 편집자의 제안을 받는 순간 '참 독특하네. 그래도 젊은 사람들의 감각과 판단에 맡기는 것이 좋겠다'는 생각을 했고, 다행히 시장에서 좋은 반응을 얻었다.

팀 리더가 자신의 믿음이나 지식, 경험에 지나치게 의지한 나머지 처음부터 제동을 걸기 시작하면 팀원들 사이에는 '알아서 포기해버린다'는 생각이 지배하고 이에 맞춘 행동이 나오게 된다. 팀 리더는 '나는 부족하다. 젊은 사람들에게 배워야 한다'라는 생각으로 대해야 한다.

특히 한 분야에서 전문가의 반열에 오른 팀 리더라면 자신이 관습적 지혜의 옹호자가 될 수 있다는 사실을 늘 경계해야 한다. 그가 가진 지혜는 과거에 통용되었던 것일 뿐, 현재에 그것이 가능한지는 검증해볼 필요가 있으므로 기꺼이 자신의 문호를 개방해놓아야 한다.

또한 팀 리더는 한 걸음 더 나아가 팀원들에게 관습적 지혜를 깨뜨리라고 촉구해야 한다. 그리고 자신이 이룬 과거의 성취목록을 넘어설 정도의 신화적인 업적을 남기도록 독려해야 한다. 팀 리더 스스로가 그것을 온몸으로 실천에 옮기는 모습을 보여주는 방법이 가장 확실하다. 여기서도 솔선수범이 중요하다. 팀 리더 스스로 과거를 뛰어넘을 수 있도록 행동해야 한다. 필요하다면 항상 배우고 도전하는 모습을 보여줌으로써 팀원들 스스로 자신이 가진 심리적인 장벽을 뛰어넘을 수 있도록 유도해야 한다.

자신감과 자긍심을 축적하라

창조는 남이 가지 않은 길을 갈 때 가능하다. 용기가 필요한 일이고 자신감이 쌓여 있지 않으면 불가능하다. 때문에 창조의 가능성에 고심하는 리더라면 개인 차원에서 그리고 팀 차원에서 자신감과 자긍심을 어떻게 축적해나갈까에 대해 관심을 가져야 한다.

창조란 어느 날 갑자기 생겨나는 것이 아니라 다른 사람이나 조직이 시도하지 않는 도전을 계속해서 시도할 때 그 결과물로서 나오는 것이다. '그것은 불가능하다. 이제까지 그런 시도들이 여러 번 있었지만 모두 좋은 결과를 얻지 못했다'라고 판단했던 부분을 새롭게 해석하고 도전하는 가운데 창조가 빛을 발하게 된다. 그렇다면 그런 시도를 하는 개인은 어떤 사람인가? 물론 새로운 시도를 하기 전에 이미 작은 성공경험들을 충분히 가진 사람이 또 다른 도전을 감행한다. 과거에 새로운 발상을 자주 내놓아 결실을 본 사람이 새로운 도전을 할 가능성이 높다. 물론 이들이 창조라는 결과물을 만들어낼 가능성도 높다.

팀 리더는 팀원들이 스스로의 활동을 통해 작은 성공경험들을 하나하나 쌓아가도록 유도한다. 앞에서도 이미 언급한 바와 같이 자신감을 만들어가는 과정은 벽돌을 하나하나 쌓아가는 과정에 비유할 수 있다. 하나하나 확인하는 과정이 필요하다. 다시 말하면 스스로 약속을 하고 그런 약속들을 지켜내고 있는지 확인하는 견고한 프로세스가 필요하다. 이런 프로세스를 효과적으로 활용하는 방법은 스스로 계획을 세우고 일과를 검증할 수 있는 목표 리스트를 사용하는 것이다. 이런 일들조차 창조의 기초를 다지는 데 무척 중요한 일이기 때문에 팀 리더가 관여해서 도움을 주어야 한다.

그 다음에는 팀 차원에서 자신감을 축적하는 방법을 찾아서 실천하는 일이 필요하다. 어떤 방법이 있을까? 목표를 세운 다음 이 가운데 이루어낸 것, 이루어내야 할 것, 그리고 잘못된 것을 점검하는 피드백 과정이 도움이 된다. 동시에 정해진 기간 동안 팀원들이 무엇을 달성해냈는지 정기적으로 점검하고, 그런 성과물에 대해 관련자들에게 칭찬과 격려를 해준다.

내부적으로 '할 수 있다'는 구호나 슬로건을 사용하는 것도 한 가지 방법이겠지만, 역시 중요한 부분은 팀의 성취목록을 하나하나 축적하는 일이다. 물론 이를 쌓아가는 과정에서 지금까지 이룬 것들에 대해 간단하게 축하하는 모임을 갖는 것도 성공경험을 축적해가는 데 도움이 된다.

팀 리더의 리더십을 점검하라

창조 역시 경영의 한 부분이라고 할 수 있다. 팀 리더가 팀원들에게 어떻게 영향력을 행사하느냐는 창조의 성과를 좌우한다. 이런 면에서 보면 창조과정에서 리더십의 중요성은 아무리 강조해도 지나치지 않다.

흔히 중간 간부에게 요구되는 리더십 항목은 창조경영을 활성화하려는 팀 리더에게도 필수적이다. 우선 필요한 것은 팀의 방향을 결정하는 능력이다. 다양한 가능성 가운데 우선순위를 정해서 무엇을 앞에 둘 것인지 결정하는 것은 팀 리더의 첫 번째 조건이다.

이는 목표 설정 능력이라고 부를 수 있다. 프로젝트의 본질을 정확히 파악하고 그것을 바탕으로 궁극적인 목표와 단계별로 이루어야 할 목표를 정하는 것은 팀 리더의 중요한 사명이다. 팀 리더는 목표를 설정하고 그 결과에 책임을 져야 하기 때문에 앞을 내다보는 능력과 판단능력이 매우 중요하다.

다음으로 팀 리더는 조직을 구성하고 관리하는 능력을 갖추어야 한다. 팀 작업을 통해서 성과를 창출해야 하기 때문에 어떤 사람들로 팀을 구성할지도 팀 리더가 책임을 져야 할 부분이다. 프로젝트에 열정을 가진 사람들을 모아야 한다. 팀원들이 합심해서 최고의 성과를 만들어낼 수 있도록 팀을 구성하는 일이 팀 리더에게 맡겨진 두 번째 과제이다.

세 번째로 필요한 것은 성취동기를 적절히 부여하는 능력이다. 창조과정에는 난관과 역경이 생겨날 수밖에 없다. 이런 상황에 처하게 되면 어려움을 극복하고 목표를 향해 나아갈 수 있도록 팀원들에게 동기를 부여하고 잘 이끌어주어야 한다.

팀 리더가 제공하는 물질적인 동기는 한계가 있기 때문에 칭찬과 격려, 때로는 스스로 성취해가는 모습을 보여주는 것도 중요한 부분이다. 팀 리더의 사소한 행동이나 말은 팀원들에게 많은 영향을 미친다. 팀 리더가 팀원들을 어떻게 대하는가에 따라 때로는 존경을, 때로는 무관심을, 때로는 경멸을 가져올 수 있다. 이는 테크닉의 문제가 아니라 삶의 자세의 문제라고 생각한다.

네 번째는 팀워크를 요구하는 작업에서 팀 리더와 팀원들 사이에 솔직하고 원활한 커뮤니케이션을 이끌어가는 능력이다. 소통이 원활하지 못한 조직에서는 제대로 된 팀워크가 나올 수 없다.

팀 리더는 팀 운영에 대한 커뮤니케이션도 충실히 해야 하지만 일정한 간격을 두고 개인적인 면담이나 그에 필적하는 미팅을 통해 각자의 상황과 전체적인 일의 진행상황을 소상히 파악해야 한다. 세세한 부분까지 파악하고 있을 때만이 창조의 가능성에 한 발 더 다가설 수 있다.

아무리 재능 있는 인재라 하더라도 그냥 자유롭게 두는 상태에서는 창조가 나오지 않는다. 재능 있는 인재들을 적절히 배치하고, 이들이 프로젝트에 애정을 갖고 헌신할 수 있도록 돕고 격려하는 것은 결국 팀 리더의 역량에 달려 있다. 그렇다면 마지막 항목은 팀 리더가 자신의 역량을 끌어올리기 위해 끊임없이 자신을 계발하는 능력과 연결되어 있다.

03_
끊임없이 창조에 대한 메시지를 전달하는 조직

미래를 창조하기 위한 열망을 확산하라

조직이 어느 정도의 기대수준을 갖는가는 조직 스스로가 결정할 문제이다. 개선과 혁신의 수준에 만족할 것인가, 아니면 새로운 역사를 써나가는 조직이 되기로 결심하는가는 누가 강제할 수 있는 일이 아니다. 조직의 리더와 구성원들이 우선적으로 결정해야 할 사항은 '3년, 5년, 10년, 궁극적으로 조직이 어디에 도달하기를 소망하는가?'라는 과제에 대한 답을 정확하게 정리하고 함께 나누어 갖는 일이다.

어느 조직이든 처음부터 창조를 목표로 삼을 수는 없다. 조직의 기틀을 닦고 일정 기간에 걸쳐서 고도성장기를 경험하면서 조직은 어느 정도 안정적인 성장궤도에 도달하게 된다. 이런 조직이라면 '좋은 기업'으로부터 '최고의 기업' 혹은 '위대한 기업'으로 어떻게 거듭날 수 있을지 고심하게 된다. 당연히 이 단계에서는 고도성장에 따르는 후유증들, 이를테면 '우리가 최고다'라는 자만심이 조직 내부에 생겨나기도 하고, 시장이나 고객에 주목하기보다는 내부적인 문제에 더 많은 관심을 갖는 조직원들이 늘어나기도 하며, 관료화 증세가 생겨나 조직 내부에 소통장애가 일어나기도 한다. 물론 모든 조직이 이런 증세를 경험하는 것은 아니지만, 고도성장의 후유증은 정도의 차이는 있을지언정 어느 조직이든 경험하게 된다.

이 단계에서 조직은 기대수준을 어디에 둘 것인가 하는 과제를 안고 씨름하게 된다. 기대수준을 확실히 올려잡으면 그동안 이룬 성취가 '정말 보잘것없구나'라고 자각할 수 있지만, 웬만큼 만족할 만한 수준에 조직의 지향점을 맞추면 과거에 이룬 성과에 만족한 채 정체될 수 있다. 그래서 성장의 기틀을 다지는 데 성공한 조직은 그후 조직의 지향점을 어디에 둘 것인지 결정해야 할 순간이 온다. 조직의 지향점을 정하는 일은 주로 바텀 업(bottom-up) 방식보다는 톱 다운(top-down) 방식으로 결정된다. 이런 점에서 조직을 이끌고 있는 수뇌부가 조직의 비전과 장기 목표를 어디에 두느냐에 따라 조직의 미래가 결정된다고 해도 과언이 아니다.

이때 조직이 처한 객관적인 상황도 중요하지만, 조직의 수뇌부가 어떤 가치를 갖고 살아가는가도 중요한 부분 가운데 하나이다. 마치 무엇이 올바른 것인가를 따질 때 한 인간의 가치관이나 인생관이 중요한 것과 마찬가지로, 조직이 어떠해야 하는가를 결정하는 것도 조직의 방향에 가장 큰 책임을 가진 사람들의 가치관과 인생관에 의존하게 된다.

우리 조직이 지금 50 정도를 이루어냈지만 다른 선발 업체와 비교할 때 앞으로 100 정도면 충분하겠다고 생각할 수 있다. 하지만 우리가 지금 50

을 이뤄냈지만 어느 누구도 생각하지 못한 조직, 즉 500이나 1,000 정도의 조직을 만들어야 한다는 생각을 가져야 한다. 미래를 창조하려면 위대함에 대한 열망과 같은 감정이 필요하다. 그 다음에 이를 달성하기 위해 이성과 논리, 합리가 동원된다. 창조를 주도하는 조직이 되기를 원한다면, 우리 조직이 위대함을 향한 열망을 지니고 있는가, 이를 함께 나누어 갖기 위해 어떤 노력을 기울이고 있는가를 점검해봐야 한다.

물론 창조를 주도하는 조직을 만들어내는 일은 개선과 혁신에 비해 또 다른 차원의 도전과제를 안겨다준다. 하지만 이왕 정상을 향해 달려온 조직이라면 적당한 수준에 머물 것이 아니라 고객과 업계, 그리고 사회에 놀라울 정도의 가치를 제공하는 데 미래를 걸어야 하지 않을까 싶다. 어느 누구도 성공하지 못했던 공정을 발견함으로써 획기적으로 원가를 절감하는 선도적인 기업이 될 수도 있고, 한 시대의 아이콘이 되는 상품이나 서비스를 창조함으로써 고객들에게 놀랄 만한 가치를 제공할 수도 있다.

어떤 조직을 머릿속에 떠올릴 때 고만고만한 수준의 조직이거나 있어도 그만 없어도 그만인 조직이 아니라, 늘 시대를 앞서 새로운 것을 만들어가는 기업을 지향하는 것은 너무도 당연한 일이다. 이런 염원이 구체적인 문건으로 정리되고, 구성원 전체의 생활 속에 스며들어 철두철미하게 공유되어야 한다. 요컨대 조직 차원에서 창조경영의 첫걸음은 열망의 확산에서 실마리를 찾아야 한다.

창조적 성과를 이룬 사람들의 방법을 전수하라

많은 사람들이 스스로를 평범한 사람으로 단정해버린다. 다시 말하면 창조는 특별한 사람들이나 할 수 있는 일이라고 간주한다. 조직은 다수의 구성원들이 갖고 있는 창조에 대한 심리적 장벽을 돌파할 수 있도록 도와주어야 한다.

어떻게 해야 할까? 조직이 궁극적으로 원하는 것은 창조라는 결과물이다. 획기적인 상품, 서비스, 공정, 기술 등은 기존의 프로세스에서 나올 가능성은 낮다. 기존의 프로세스를 고수한다면 결과물 역시 기존의 것과 크게 차이가 날 수 없다. 따라서 창조라는 결과물을 원한다면 기존의 프로세스를 획기적으로 바꾸어야 한다.

어떤 프로세스를 바꾸어야 할까? 4장에서 충분히 이야기했지만, 다시 강조해두어야 할 부분은 창조를 주도하는 사람들과 관련된 프로세스이다. 이것은 측정하기도 힘들고 관찰하기도 힘들지만 창조에 중요한 영향을 행사하는 프로세스이다.

프로세스는 여러 가지로 구성될 수 있다. 창조를 가능하게 하는 주요 프로세스를 중심으로 살펴보자. 우선 생각해볼 수 있는 첫 번째 프로세스는 고객의 숨겨진 욕구와 필요를 미리 읽어내는 방법에 관한 것이다. 조직 내에서 이 분야에 특출한 능력을 발휘한 사람이 있다면 그에게 자신의 경험을 타인에게 전달할 수 있는 지식으로 만들어보라고 권한다.

기회를 찾아내는 것은 일종의 암묵적 지식이기 때문에 체계화하기에는 어려운 면이 많다. 그러나 전부를 정확하게 전달할 수는 없을지라도 핵심에 해당하는 부분은 노력 여하에 따라 얼마든지 다른 구성원들에게 교육시킬 수 있다. 또한 타인에게 자신의 경험과 노하우를 정리해서 전달하는 일은 자신의 프로세스를 좀더 정교하게 다듬어가는 데도 효과적일 수 있다. 다시 말하면 가르치는 사람에게도 자신의 능력을 한 단계 더 발전시킬 수 있는 기회가 된다.

두 번째 프로세스는 문제를 해결하는 방법에 관한 것이다. 기존의 문제 해결 방법을 답습하면 결과물도 크게 달라질 수 없다. 이 부분 역시 먼 곳에서 도움을 청할 수도 있지만, 조직 내부에 탁월한 문제 해결법을 제시하고 이전에 창조라고 부를 만한 성과를 만들어낸 사람들에게 자신의 문제 해결법을 일반화하도록 하는 방법이 유력한 대안이 될 수 있다. 이것 역시 첫 번째 프로세스와 마찬가지로 전달 가능한 지식으로 만드는 데 어려움이 따르겠지만 불가능한 일은 아니다.

세 번째 프로세스는 생각하는 방법에 관한 것이다. 기존과 비슷한 방법으로 생각하면 결과물도 크게 달라지지 않는다. 그렇다면 생각하는 방법 그 자체를 바꾸려는 노력을 해야 한다. 이것 역시 첫 번째와 두 번째 경우와 마찬가지로 조직 내에서 큰 성과를 낸 사람들을 중심으로 체계화하는 노력을 기울일 필요가 있다.

창조적 성과를 위해 프로세스를 전수하는 작업은 물론 조직 내부의 우수한 사람들이 주도하겠지만 이를 전파하는 과정에서 내부 강사를 양성할 수도 있다. 왜냐하면 위의 활동을 주도하는 사람들은 다른 사람들에게 그런 방법을 전파하는 데 많은 시간을 쏟을 수 없을 정도로 중요한 인물일 것이기 때문이다.

그러나 이들이 전적으로 매달리지 않고 일정한 시간을 배분해서 자신의 노하우를 전달한다면 양쪽 모두 도움을 받을 수 있다. 창조를 만들어 내는 데 익숙한 사람들은 자신의 방법을 체계화하는 기회를 가질 수 있고, 이를 통해 자신의 방법을 개선할 수 있다.

한편 내부 인력이 주도하는 방법 외에 동종 업계나 다른 업종에서 성공사례를 조사해 일반화하는 노력도 한 가지 대안이 될 수 있다. 선택 가능한 방법 가운데 하나는 창조에 가까운 활동으로 큰 성과를 낸 사람들에게 질문과 응답 형식의 인터뷰를 하고 그것을 세세하게 기록해서 공유하는 것이다. 인터뷰 형식은 큰 배경지식이 없어도 쉽게 배울 수 있는 방법이다.

창조적 인재가 되기 위한 개인의 성장을 지지하라

투입이 없으면 산출도 없다. 이 같은 평범한 진리는 창조에도 그대로 적용된다. 여기서 투입은 개인의 성장으로 대체할 수 있다. 조직 구성원 개개인의 창조능력 혹은 역량이 계속적으로 성장할 때 조직의 창조도 활발하게 이루어질 수 있다.

개인이 창조를 주도하는 인재가 되기 위해 스스로를 갈고 닦을 수 있도록 조직이 적극적으로 독려하고 자극을 줄 필요가 있다. 조직이 제공하는 교육은 제한적이다. 게다가 아무리 정교하게 짜인 교육 프로그램이라도 범용적인 성격을 지닐 수밖에 없다. 결국 특정 상황에서 창조를 가능하게 하는 것은 개개인의 창조역량에 크게 의존할 수밖에 없다.

필자의 경험으로 미루어 보더라도 물리적으로 비슷비슷한 공간에서 거의 비슷한 시간을 보냈다 해도 개개인의 창조역량은 크게 벌어진다. 이것은 전적으로 개개인의 학습에 대한 열의와 노력에 크게 의존한다. 한마디로 개인의 체계적인 노력 여하에 따라 대단한 차이가 발생할 수 있는 것이 개인의 창조역량이라고 할 수 있다.

가장 바람직한 것은 개인이 알아서 확고한 목표를 세워 자신의 경력을 관리해나가는 일이다. 이런 창조적 인재들은 조직 차원의 특별한 지원이 없어도 스스로 알아서 잘 해나갈 것이다.

따라서 조직이 관심을 가져야 할 사람들은 자신의 역량을 강화하는 데 그다지 적극적이지 않은 사람들이다. 열의가 전혀 없는 사람들은 포기해 버리면 그만이지만, 다수의 사람들은 조직이 하기에 따라서 창조적 인재에 가까이 다가갈 수 있다. 이들은 조직이 확고한 목표를 세워서 경력을 관리하도록 독려하는 분위기나 문화를 조성하면 많은 영향을 받는다.

여러 기업을 방문하다 보면 '개인의 지속적인 자기계발이 조직의 창조역량을 낳는다'는 확고한 신념을 가진 경영자들을 만나게 된다. 이런 확신은 주로 경영자의 성장배경을 통해서 확인되는 경우가 많다. 이들은 젊은 구성원들이 자기 자신을 계발하는 데 게으름을 피우거나 적당하게 시간을 보내는 것을 그냥 내버려두지 못한다. 그것은 조직의 성장뿐만 아니라 개인의 성장에도 마이너스 효과를 끼친다는 사실을 잘 알고 있기 때문이다.

경영자들의 자기계발에 대한 확신은 다양한 방법으로 조직을 변화시킨다. 독서를 통해서 자기계발을 도울 수도 있고, 조찬 강연회를 통해서 도울 수도 있다. 게다가 다양한 직무능력 향상을 위해 다양한 교육기회를 제공하는 일도 가능하다. 개선, 혁신, 창조에 대해서 파격적인 지원이나 독려를 하며 구성원들이 자신의 가능성을 더 열심히 탐구하고 계발해 내도록 도움을 줄 수 있다.

이런 노력들이 처음에는 별것 아닌 것처럼 보일지 모르지만 반복되면서 큰 변화를 일으킨다. 한번은 어느 신부님의 명상서적을 읽다가 사소하게 시작된 습관이 어떤 변화를 가져오는지 생생하게 전하는 문장을 만났다. 구성원들 개개인의 역량계발과 관련해서 개인과 조직 모두에게 주는 의미를 생각해보자.

어떤 행동을 심어 얻는 것이 습관이고, 습관을 심어 얻는 것이 성격이고, 성격을 심어 얻는 것이 운명입니다. 처음에는 자신이 습관을 만듭니다. 그러나 나중에 습관이 우리를 만듭니다. 이러한 습관은 처음에는 거미줄 같지만 나중에는 동아줄이 됩니다.

++조광호, 『Angel-내가 만난 천사 이야기』, p. 3

조직 내부에 '혁신가'와 '창조자'의 비중이 늘어나는 것만큼 조직 전체의 창조능력도 올라가게 된다. 시간과 비용이 드는 일이지만 창조를 열망하는 기업이라면 장기적인 시각을 갖고 반드시 성공시켜야 할 일이다.

개인의 기여를 촉진하기 위한 제도를 마련하라

인센티브는 신호등과 같은 역할을 하며, 구성원들이 가치창출에 적극적으로 기여할 것인가, 말 것인가를 결정하는 매우 중요한 요소이다. 조직이 창조에 성공한 사람들을 어떻게 대하는가는 궁극적으로 창조가 지속적인 활동으로 자리 잡을 수 있는가, 아니면 단기적인 활동에 머물고 말 것인가를 결정하게 된다. 조직은 구성원들에게 확실한 방향을 제공할 필요가 있다. 행하는 자에게는 넉넉한 보상을, 행하지 않는 자에게는 그것에 상응하는 페널티를 말이다.

그래서 업계를 주도하는 조직은 확실한 상벌체제를 마련해둔다. 이런 점에서 신상필벌의 원칙이 분명하고 창조를 통해 회사에 엄청난 이익을 안겨다준 사람들에게 제대로 된 보상을 제공하는 조직은 창조의 선순환을 기대할 수 있다. 반대로 신상필벌의 문화나 적절한 보상제도가 제대로 자리 잡지 못한 조직은 창조활동이 낮은 수준에 머물 수밖에 없다.

동기를 부여하는 일은 때로는 고민거리를 조직에 안겨주기도 한다. 지나치게 상벌체제가 명확하고 그 격차가 확대되면 조직 내에 불협화음이 일어날 수 있다는 점을 걱정하는 사람들도 있다. 그러나 근래에는 이런 분위기가 크게 변화하고 있다. 창조에 성공한 자와 그렇지 않은 자 사이에 확실한 차이를 두지 않는다면 창조를 주도하는 인재들이 머물러 있어야 할 이유가 없기 때문이다. 그리고 대다수 사람들이 기여에 따른 격차를 자연스럽게 받아들이고 있다. 시대적인 분위기 탓도 있겠지만 창조를 주도하는 사람들이 얼마나 큰 가치를 창출해내는지 인정하기 시작했기 때문이다.

정기적으로 주어지는 물질적인 보상의 중요성을 여기서 더 이상 언급

할 필요는 없을 것이다. 그러나 앞에서도 이미 말한 바 있지만 비물질적인 것, 이를테면 창조적 업적에 대해서 모두가 인정한다는 메시지를 명확하게 전달하는 부분도 중요한 일이라고 생각한다. 따라서 물질적인 인센티브와 비물질적인 인센티브를 적절히 배합시켜 실행해야 한다.

특히 물질적인 인센티브는 시스템의 변화가 필요하고, 이를 변화시키는 데는 비용과 시간이 소요된다. 그러나 비물질적인 인센티브는 조직을 이끄는 사람들의 아이디어나 의지에 따라 가변적으로 사용될 수 있다. 포상, 상훈, 명칭 등 다양한 수단이 융통성 있게 사용될 수 있다.

이따금 창조의 결과물을 두고 갈등이 빚어지기도 한다. 업무영역에서 발생하는 창조사례에 대해 합리적인 시행규칙을 더욱 명확하게 정해놓을 필요가 있다. 앞으로 회사의 재산인가, 아니면 개인의 재산인가를 둘러싸고 갈등을 빚는 일이 늘어날 것으로 보인다.

회사가 제공하는 다양한 기회를 이용해서 창조가 이루어질 경우에 어떤 기준을 적용할 것인가에 대해서는 국제적인 관례나 사례 등을 참조해서 합리적으로 판단해야 한다. 아직은 분규가 초보적인 수준에 머물러 있지만, 창조가 기업 경영의 중심 무대로 옮겨올 시점이 되면 이 과제는 결코 소홀히 다룰 수 없는 주제로 떠오를 것이다. 계약관계에 따라 이루어진 창조의 결과물은 회사에 귀속되는 것이 원칙이다. 다만 창조에 대한 개인의 기여를 촉진하기 위해서 조직은 적절한 인센티브제를 운영할 필요가 있다.

구성원 스스로 프로젝트에 몰입하게 하라

자신의 일에 흠뻑 빠져들어간 상태에서 프로젝트를 수행하는 사람들이 많다면 당연히 그 조직에서 창조가 활성화될 가능성은 높아진다. 때문에 창조에서 몰입은 매우 중요한 비중을 차지한다. 조직이 크게 도움을 주지 않더라도 스스로 몰입도를 높이는 데 익숙한 사람들이 있다. 이들은 어떤 프로젝트에 참여하든 자신이 하는 일에 의미를 부여한다.

어떤 일이 주어졌을 때 '왜 내가 이런 일을 해야 하는가?'라고 물으면서 시큰둥한 반응을 보이는 사람들이 있다. 반면에 남들이 맡기를 주저하는 일조차 '나에게 도움이 될 것이다'라며 자기 자신을 설득하는 사람들이 있다. 단순한 차이처럼 보일지 모르지만 일에 대한 몰입도의 차이가 크기 때문에 결과 또한 크게 달라진다.

그렇다면 조직은 구성원들 스스로 프로젝트에 대한 몰입도를 높일 수 있는 방법을 찾아야 한다. 자신이 수행하고 있는 업무에 대해 강한 확신을 갖도록 도와주면 된다. 사람이란 물질 그 이상의 세계를 추구하기를 원한다. 단순히 먹고 살기 위해서 지금 내게 주어진 일을 해야 한다고 생각하는 사람과 그렇지 않은 사람은 현저한 차이가 난다.

크게 보면 조직이 하는 활동, 즉 사업분야가 가치 있는 일임을 조직원들이 공유하는 방법도 도움이 된다. 조직이 추구하는 바는 비전이나 핵심 가치, 목표 등의 형식으로 표현된다. 이를 만들고 공유하는 일련의 노력을 체계적으로 수행하면 조직 구성원들의 몰입도를 높이는 데 큰 도움이 될 것이다.

몰입도는 측정 가능한 야심적인 목표를 추구할 때와 그렇지 않을 경우에도 차이가 난다. 때문에 조직 전체가 야심적이고 진취적인 목표를 향해서 에너지를 쏟을 수 있도록 해야 한다. 이른바 야심적이고 진취적인 목표관리를 말한다. 이때도 반드시 목표의 설정과 측정, 그리고 평가라는 피드백 작업이 동시에 이루어져야 한다.

몰입 분야에서 오랫동안 연구해온 미하이 칙센트미하이 교수는 조직에서 몰입을 방해하는 요인으로 다섯 가지를 제시했는데, 이는 창조의 가능성을 높이는 데도 도움이 된다.

첫째는 명확한 목표가 주어지지 못할 때 몰입도는 낮아진다. 특히 목표가 주어지는 경우라도 일방적으로 주어질 때는 참여를 통해 목표가 설정될 때에 비해 몰입도가 현저하게 낮아진다. 사전에 목표가 결정되더라도 구체적으로 추진에 들어가기 전에 사람들의 동의나 참여를 유도하는 것이 좋다.

오늘날 직장에서 근로자들에게 요구되는 일을 살펴보면, 일의 상당 부분이 조직의 상부에서 일방적으로 하달되고 있는 실정이다. 다시 말해 상부에서는 그 일의 내용이나 목적을 파악하고 있지만 정작 근로자는 이것을 전혀 모르고 있는 상황이 벌어진다. …… 설령 직원이 자신의 업무내용을 이해하고 있다 하더라도 그 업무를 해야 하는 이유까지는 불명확히 아는 경우가 많다. 장기적인 목표이든 단기적인 목표이든 상관없이, 목표가 명확히 설정되어 있지 않은 경우에 자신의 업무를 즐겁게 해내기는 무척 어려운 일이다.

╋╋미하이 칙센트미하이(Mihaly Csikszentmihalyi), 『몰입의 경영』, p. 158

두 번째는 피드백이 드물거나 없는 경우를 들 수 있다. 피드백 부재가 몰입을 방해하는 중요한 요인이라면 반대로 피드백을 확실히 할 수 있는 부분을 보강함으로써 몰입도를 증가시킬 수 있다. 물론 효과적인 피드백 방법을 익히는 것도 필요하다.

세 번째는 근로자의 능력이나 자질에 적합하지 않은 업무가 주어지는 경우이다. 자신의 능력을 한껏 발휘할 수 있을 정도의 난이도를 가진 업무에서 몰입도가 높아지며 동시에 최선을 다할 수 있다. 자신의 능력 가운데 일부만 발휘해도 충분하다면 사람들은 쉽게 싫증을 낸다. 조직 차원의 인력활용 면에서 유의할 일이다.

네 번째는 참여 대신 일방적인 지시나 통제의 대상이 되고 있다고 구성원들이 느낄 때이다. 인간이란 자신이 함께 참여하고 있다고 느낄 때 업무에 몰입할 가능성이 높다. 일방적인 지시나 통제를 받을 때는 최소한의 기준만 만족시키는 정도에 머물고 만다.

마지막으로 예측 불가능한 상황에서 업무를 계속하면 몰입도는 크게 낮아진다. 사전에 어느 정도 계획을 갖고 업무를 처리하지 못하고 위로부터 즉흥적으로 떨어지는 지시대로 이리저리 휘둘린다는 느낌을 가질 때 업무에 대한 몰입도가 낮아진다. 때문에 가급적이면 업무를 체계화해서 외부 상황에 따라 구성원들이 지나치게 휘둘리지 않도록 해야 한다. 다시 말하면 생각지도 못했던 일 때문에 스스로 시간이나 에너지를 통제할 수 없다는 스트레스를 받지 않도록 해야 한다. 가능한 한 업무를 체계화하는 일에서 그 해답을 찾을 수 있다.

단기적인 성과가 아닌 미래를 위한 준비를 하라

조직 운영의 기본 틀은 지시와 통제이다. 다양한 인간들이 공동의 목표를 추구하기 위해 만들어진 조직이라면, 지시와 통제를 통해 만들어진 일정한 규율도 필요하다.

그러나 지나치게 꽉 짜인 틀 속에서는 창조가 원활하게 이루어지기 힘들다. 때문에 조직 운영의 기본 틀을 크게 손상하지 않는 범위 내에서 어느 정도의 자유나 자율, 파격을 허용할 수 있는가라는 과제가 남는다. 여기서 많은 조직들이 딜레마에 빠지는데, 그 이유는 균형을 유지하기가 쉽지 않기 때문이다.

이를테면 신상필벌이라는 원칙을 엄격하게 적용하고 주어진 시간 동안 이루어진 성과에 대해 정확한 목표관리를 실시하는 기업은 다수의 구성원들이 단기적인 성과에 지나치게 집착할 가능성을 경계해야 한다. 실제로 지금 거두고 있는 성과의 상당 부분은 과거에 미래를 위해 준비를 해두었기에 가능한 일이다. 만일 구성원들이 과거에 단기적인 성과에만 급급하고 미래를 준비하지 않았다면 현재의 성과가 없거나 빈약할 수밖에 없다.

조직 경영의 핵심은 과거와 현재, 미래 사이에 어떻게 균형을 유지해 나갈 것인가 하는 점이다. 조직의 운영에 필요한 성과를 거두면서도 미래의 새로운 성장사업이나 분야 혹은 상품을 위해서 도전적인 실험이 계속 이루어져야 한다. 그렇다면 조직 차원에서 어떤 노력을 해야 할까?

말로만 외칠 것이 아니라 실제로 조직이 추구하는 목표 가운데 현재의 성과 이외에 미래를 위한 투자에 큰 비중을 두고 있음을 널리 알린다.

이를 위해 구성원들의 도전을 자극하고 독려한다. 그리고 이러한 도전이나 실험에 필연적으로 수반되는 실수나 실패를 조직이 기꺼이 받아들인다는 사실을 말이 아니라 행동으로 보여주어야 한다.

현재 우리가 거두고 있는 성과 가운데 과거에 뿌린 씨앗을 거둬들이는 것이 어느 정도 비중을 차지하는지를 지표화해서 구성원들에게 알려준다. 설령 조직이 잘 나가고 있다 하더라도 성공에 도취되지 않도록 조심하기 위해서라도 이런 자료는 필요하다. 또한 혁신이나 창조활동을 통해서 거두어들인 성과가 어느 정도인지 조직원들에게 알려주는 것도 도움이 된다.

또 다른 시도는 현저하게 높은 목표를 설정해서 조직 구성원들이 더 높은 목표를 향해 도전할 수 있도록 격려하는 일이다. 여기서 현저하게 높은 목표란 기존의 상식으로는 도저히 달성할 수 없을 것 같은 수준까지 목표를 높여 잡는 것이다.

그렇다면 구성원들 스스로 창조 이외에는 다른 대안이 없다는 결론을 내리게 된다. 현재 방식으로는 도저히 달성할 수 없는 목표라면 구성원들은 문제 해결책을 원점에서 재점검하고 기존의 방법과 완전히 다른 창조를 추구하게 될 것이다.

신화 창조를 대우하고 선전하라

구성원들은 조직이 선호하는 사람이 누구인지 유심히 지켜본다. 창조를 주도하는 사람인가, 아니면 무난하게 조직을 관리하는 사람인가를 말이다. 물론 조직은 일정한 틀을 유지해야 하기 때문에 다수의 사람들은 무난하게 경력을 관리해나가는 사람일 것이다. 그러나 반드시 선두 그룹에 속해야 할 사람은 무난함과는 거리가 먼 사람들, 이를테면 조직에 대단한 성과를 만들어낸 창조자들이다. 이들이 승진의 대열에서 낙오되지 않도록 해야 한다.

이따금 창조자들은 조직생활에 다소 미흡할 수도 있다. 조직생활이 그들의 장점이 아니기 때문이다. 그래서 사내 정치의 희생물이 되어 조직을 떠날 수도 있다. 어떤 조직이든 대다수는 일정한 보조를 맞추어 전진하기를 바란다. 그렇지 않은 사람들에 대해서는 우리와 그들이란 이분법에 따라 다수가 창조적 소수를 박해하는 일이 얼마든지 일어날 수 있다.

그들과 우리를 분리하는 인간의 습성을 없애기는 어려운 일이다. 때문에 우선 필요한 조치는 창조적 소수를 보호하는 일이다. 조직에서 이들을 제대로 대우해주고 구성원들이 부러워하는 승진의 정도를 걸어간다면 이들을 대하는 태도가 달라질 것이다. 조직에서 창조를 해야 한다고, 혁신을 해야 한다고 목소리를 높이지만, 정작 그런 활동에 열심이었던 사람은 한직으로 밀려나는 모순이 발생하는 경우도 종종 발생한다.

이런 일이 일어나지 않도록 화려한 약속보다는 조직이 창조자를 어떻게 대우하는가를 확실히 보여주는 것이 구성원들이 창조에 몰입하도록 하는 최선의 길이다.

여기서 한 걸음 더 나아가 창조자를 전면에 내세우는 방법도 필요하다. 우리가 원하는 인재상은 이렇다고 노골적으로 표현할 수는 없지만, 창조를 주도한 인물을 대내외에 적극적으로 세일즈하는 것도 한 가지 방법이 될 것이다. 내부적으로 그들의 성과를 적극적으로 알리는 방법도 도움이 될 것이고, 그들이 어떻게 해서 그런 성과를 만들어냈는지를 구성원들에게 알리는 것도 도움이 될 것이다. 이를 통해 구성원 스스로 창조자가 되기 위해 무엇을 해야 할 것인가를 생각하도록 만든다.

인간은 질투와 시기심을 갖고 있지만 이 역시 양면성이 있다. 부러워하면서도 닮아가게 된다. 조직에서 다수의 사람들이 창조자나 준창조자로 변신하도록 조직 내에서 창조로 성공한 사람들을 적극적으로 활용한다. 물론 창조하는 방법에 대한 교육도 병행되어야 하지만, 사내에서 성공한 사람을 부러워하고 이를 통해 자신도 그런 사람이 되고 싶다는 욕망에 불을 지피는 것이다.

신화 창조자를 시각화하는 방법은 어떨까? 누구나 볼 수 있는 곳에 특정 프로젝트를 통해 신화라고 부를 만한 성과를 거둔 사람들의 공적을 오랫동안 기억할 수 있도록 부착한다. 그곳을 볼 때마다 다음 주인공은 누가 될까 기대할 수 있도록 말이다. 시각적인 자료는 꿈과 희망, 용기를 불어넣는 데 효과가 있다. 이런 방법을 적극적으로 활용하는 것이 창조로 가는 길에 선택할 수 있는 대안이라 생각한다.

최상의 상황에서 일할 수 있도록 도와라

창조는 열심히 일하는 것만으로는 충분하지 않다. 가능한 한 조직 구성원들이 최상의 상황에서 일할 수 있도록 도와주어야 한다. 즐겁고 유쾌하게 일하는 것이 창조로 가는 지름길이다. 대부분의 창조는 자신이 하는 프로젝트 자체를 즐기는 사람들에게서 나온다. 따라서 조직은 구성원들이 즐겁고 유쾌하게 일하는 것을 방해하는 요인이 무엇인지 철저하게 파악해서 가능한 것부터 우선적으로 고쳐나가야 한다.

주변을 둘러보라. 불필요한 일들이 이제까지 계속되어왔다는 이유만으로 실시되고 있지 않은지 살펴보라. 그런 일일수록 단순한 일일 것이다. 그런 것들이 구성원들이 중요한 일에 더 많은 에너지와 관심을 쏟을 수 없도록 방해하고 있지는 않은지 꼼꼼히 따져보라. 그리고 창조적인 활동에 쏟을 수 있는 에너지를 빼앗아가는 공정이나 시스템에 대해서는 조직 차원에서 적극적으로 고쳐야 한다.

앞에서도 이미 살펴본 바와 같이 물리적 환경도 중요한 역할을 한다. 매일 출근해서 활동시간의 대부분을 보내는 사무실이나 현장의 근무환경을 즐겁고 유쾌하게 일할 수 있는 공간으로 바꾸어가야 한다. 무미건조함을 더하는 물리적 공간이라면 다르게 고쳐야 한다. 그리고 이런 작업에서도 획일적인 방법을 적용하기보다는 조직 내부의 단위조직의 창의력과 자율성을 존중한다면 독창적인 근무환경을 조성할 수 있을 것이다. 물론 조직 전체에 적용되는 어느 정도의 통일성과 규율도 필요하겠지만, 근무환경과 관련된 규칙들이 지나치게 엄격하게 운영됨으로써 창조에 부정적인 영향을 끼쳐왔음을 충분히 고려해야 한다.

즐겁고 유쾌하게 일하는 데는 스스로 일을 통해서 행복을 추구하는 개개인의 삶의 태도도 무척 중요한 역할을 한다. 스스로 자신이 하고 있는 일의 의미를 정확하게 이해하고 일을 통해서 자신이 발전하고 있다고 느낄 수 있어야 한다. 이런 점에서 보면 구성원들이 자신의 프로젝트에 애착을 갖고 임할 수 있도록 조직이 도울 수 있는 여지가 여전히 남아 있다. 이를테면 경력을 적극적으로 관리해나가는 데 현재의 프로젝트와 연결고리를 가질 수 있도록 한다면 바람직한 일이라 할 수 있다.

구성원들이 스스로를 성장시켜나갈 때 각 직급별로 어떤 조건이 요구되는지 알려줄 수도 있다. 그러니까 개인을 대신해 경력을 관리해줄 수는 없지만 경력관리에 필요한 일종의 지침을 제공할 수 있다. 일이든 프로젝트든 자신의 발전에 도움이 된다는 점을 충분히 납득할 수 있다면 즐겁고 유쾌하게, 마치 자기 사업을 하는 것처럼 일할 수 있다.

한편 기업마다 직장의 분위기가 다르긴 하지만 평균적으로 한국 기업의 분위기는 엄숙한 편이다. 조직에 반드시 규율이 필요하다는 점을 충분히 고려하더라도 가급적이면 엄숙함과 경건함으로부터 약간의 일탈이 필요하다고 생각한다. 일을 할 때도 지나치게 엄숙할 필요는 없다. 더욱이 창조를 하는 데 있어 엄숙함은 방해가 된다. 자유로운 분위기가 조직에 스며들도록 하는 것은 기업 문화와 깊은 관련이 있기 때문에 오랜 시간이 소요될 수도 있다. 하지만 작은 것부터라도 조직에 신선함과 자유로움, 발랄함을 투입해보는 것도 좋은 선택이라고 생각한다.

복장은 단순하게 보일지 모르지만 사람의 행동과 사고를 결정하는 데 중요한 역할을 한다. 특히 창조를 필요로 하는 분야에 종사하는 사람에겐 복장과 같은 내부 규율에 파격을 더할 필요가 있다. 엄격함을 요구하는 분야에서도 한시적이라도 내부 규율에 약간의 파격을 더하는 것을 고려해보자. 창조란 기존의 개념이나 관념을 넘어서는 것이다. 그렇다면 기존의 개념이나 관념을 낳는 환경을 모두 그대로 둔 채 창조가 가능하리라 생각하는 것은 무리다.

치열함과 여유로움의 균형을 유지하도록 도와라
무조건 열심히 한다고 창조가 가능한 것은 아니다. 창조를 기대하는 조직이라면 일하는 방법에서도 변화를 꾀해야 한다. 양적인 개념으로부터 질적인 개념으로의 전환을 말한다.

기존의 방법이 성실을 최고의 덕목으로 삼았다면 창조를 목표로 하는 조직은 머리를 써서 일해야 한다. 적절히 휴식을 취하지만 일을 하는 동안은 효율적으로 일하는, 즉 집중력을 최대한 끌어올릴 수 있어야 한다.

무리하게 오랜 시간 일하는 분위기가 지배하는 조직이라면 창조를 기대하기는 쉽지 않다. 빡빡하게 정해진 일정에 따라 마치 다람쥐가 쳇바퀴를 돌 듯이 모두가 돌아간다면 기존의 제품이나 서비스를 좀더 효율적으로 만들어내는 것 이상의 그 무엇을 창조해낼 수는 없다. 이제까지 존재하지 않았던 획기적인 것을 창조라고 한다면 그것은 치열함과 여유로움이 동시에 존재하는 곳에서 탄생할 것이다.

따라서 조직은 구성원들이 지치지 않고 효과적으로 일할 수 있는 방법을 찾아야 한다. 한 사회가 가진 제도적인 틀은 그 사회에 속하는 사람들의 행동이나 사고방식을 결정하는 것처럼, 조직이 갖고 있는 제도적인 틀 또한 구성원들의 행동이나 사고방식을 결정한다. 업무 자체가 과중해서 매일 야근을 해야 하는 경우도 있지만, 일을 효과적으로 하는 방법을 찾아내면 상당 부분 야근을 줄일 수 있다. 야근을 줄여야 창조적인 발상이 나올 가능성이 높아진다. 피로에 찌든 상태로 장시간 근무하는 상황이 계속된다면 창조적인 발상을 기대할 수 없다.

우선은 구성원들이 가장 효과적으로 근무할 수 있는 시간대를 조사해 보라. 이런 조사는 당연히 구성원 개개인의 특성에 따라 다양한 편차가 있을 것이다. 집중 근무제와 같은 제도를 실시해서 효과를 본 기업도 있고 그렇지 않은 기업도 있다. 따라서 이러한 제안에 반대 의견을 가지는 사람들도 있겠지만, 필자는 구성원들 개개인이 집중적으로 업무를 처리할 수 있도록 조직의 틀을 만들어가는 일도 중요하다고 생각한다.

그밖에 개인의 특성에 맞추어 다소 탄력적으로 근무시간을 조정하는 것도 시도해볼 만한 대안이다. 지나치게 많은 자율을 제공하면 통제할 수 없다는 점에서 조직 상층부의 반대도 예상된다. 그러나 자율성이 주어지지 않는 조직, 집중력을 확보할 수 없는 조직에서는 창조의 가능성이 크게 낮아지는 것은 분명한 사실이다.

생활의 균형을 회복하는 것은 궁극적으로 개인이 결정하고 책임을 져야 하는 일이다. 그럼에도 구성원이 생활의 균형감각을 유지하면서 스스로 행복하게 생활할 수 있도록 도와주는 것도 조직이 해야 할 일이다. 구성원들이 행복할 수 있다면 당연히 조직은 창조에 성큼 다가설 수 있다.

날로 치열해지는 경쟁환경과 성과에 대한 압박이 계속되는 상황에서 시간을 양적 개념으로 접근하지 않고 질적 개념으로 접근하는 것은 커다란 방향전환에 속한다. 하지만 한 가지 분명한 사실은 더 이상 몸으로 때워서 부가가치를 만들어낼 수는 없다는 점이다.

두뇌의 힘을 극대화하기를 원한다면 적절한 휴식과 한가로움이 필요하다. 집중력 있는 업무처리, 상상력과 창조력의 배양을 위해서는 막간의 한가로움을 확보하는 일이 반드시 필요하다. 하지만 현실세계에서는 이러한 균형을 유지하여 효과를 보는 기업을 만나기가 쉽지 않다. 그만큼 눈앞에 보이는 성과를 만들어야 하기 때문이다.

창조라는 변수를 조직 내부의 목표에 추가한다면 기존에 고수해오던 방법에 변화가 필요하다는 사실을 받아들여야 한다. 하지만 상당한 자율성을 구성원들에게 주었던 조직 가운데 그 효과에 회의적인 판단을 내리고 다시 과거의 방법으로 회귀하는 경우도 있다. 이론과 달리 현실은 자율과 통제, 질적 사고와 양적 사고 사이에 적절한 균형을 이루어나가는 일이 필요하다는 걸 말해준다.

창조경영이란 자체가 일반적인 경영과 마찬가지로 상호 모순된 것 사이에 적절한 배합과 균형을 만들어가는 일이기 때문이다. 그래서 창조경영은 과학적인 엄격함과 예술적인 자유분방함을 동시에 포함하고 있다고 하겠다.

[에필로그]

창조경영은 생존과 번영을 위한 필수조건

'어중간한', '누구나 만들 수 있는' 상품이나 서비스를 팔고 있는 기업이라면, 생존은 고사하고 미래를 기약할 수조차 없는 시대가 되었다. 어느 분야를 보더라도 가격경쟁은 치열해지고 고객들은 거의 무한한 자유를 행사할 수 있는 시대가 본격적으로 열리고 있다.

'경쟁사를 압도할 수 있을 정도로', 그리고 '고객이 깜짝 놀랄 정도로 신선하고 자극적이며 새로운' 상품이나 서비스를 내놓기 위해 고심하는 것은 굳이 기업만의 고민이 아니다. 그것은 자영업을 하는 사람의 고민이기도 하고, 조직에 몸담고 있는 구성원 개개인의 고민이기도 하다. 그래서 기존의 것과는 다른 새롭고 발랄하고 신선하고 파격적이고 멋진 상품이나 서비스를 만들기 위한 경쟁은 더욱 거세지고 있다.

이런 시대 상황의 변화에 따라 무엇을 해야 하는가 고심하고 있는 사람이라면 "창조경영은 무엇이며, 어떻게 창조경영에 성공할 것인가?"라는 질문에 대한 답을 찾을 수 있어야 하고, 이를 과감하게 실천에 옮길 수 있어야 한다.

독자 여러분이 일하고 있는 분야에 따라 정도의 차이는 있을지 모르지만, 낮은 가격으로 여러분의 시장을 잠식하기 위해 노력하는 경쟁자들의 압력에 심하게 시달리고 있을 것이다. 동시에 여러분은 중저가 시장에서 오랫동안 활동해왔을 것이며, 이런 저가를 무기로 여러분의 시장을 맹렬하게 파고드는 경쟁자들을 확실하게 압도해야 할 필요성을 강하게 느끼고 있을 것이다. 한 자릿수 정도의 가격인하가 아니라 절반, 아니면 그 이상 원가절감을 할 수 있는 방법을 찾아내기 위해 고심하고 있을 수도 있다. 기존의 개선이나 혁신을 넘어서 창조경영을 성공시켜야 할 필요성이 여기에 있다.

또한 여러분은 중저가 시장에서 탈피해 고가 시장에 진입하기 위해 제품, 브랜드, 디자인, 마케팅 등 다양한 부분에서 놀라울 정도의 가치를 창조하는 노력을 기울이고 있을 것이다. 이런 경우에는 기존의 고정관념이나 관행, 관습을 뛰어넘어 획기적인 발상의 전환이나 상상력을 더하지 않으면 성공할 가능성이 높지 않다. 그러나 대다수 조직은 과거의 것들을 반복하려는 속성을 지니고 있다. 따라서 창조경영은 기존의 관행이나 관습, 반복을 깨고 새로움을 향해 나아가는 데 결정적인 기여를 할 수 있다.

한편 이제까지 어느 누구도 눈길을 주지 않았던 새로운 시장을 만들어낼 수도 있다. 기존의 시장영역을 새롭게 정의할 수 있다면, 여러분의 상품이나 서비스에 전혀 눈을 돌리지 않았던 사람들, 즉 '비소비' 시장에서 의외의 성과를 올릴 수 있다.

고객들도 자신이 무엇을 원하는지 정확하게 알지 못하는 경우가 많다. 기존의 수요에만 주목할 것이 아니라 고객의 숨겨진 욕망이나 욕구를 정확히 파악할 수 있다면 새로운 시장을 창조해낼 수 있다. 기존 기업들이 전혀 알지 못하는 시장 혹은 기존 기업들이 이미 알고 있지만 이런저런 이유 때문에 미적거리면서 진출하기를 꺼려했던 시장을 만들어내는 데도 창조경영은 제 몫을 다할 수 있다.

영리를 추구하는 기업이든, 아니면 비영리 조직이든 간에 창조경영의 개념 정립이나 계획, 그리고 실천이라는 면에서 모두 공통의 과제를 안고 있다. 결국 창조경영은 사람의 두뇌와 가슴속에서 일어나야 하는 일이기 때문에 기존의 개선이나 혁신보다 사람에 대한 의존도가 높다.

그렇지만 일단 창조경영의 필요성을 절감하고 올바른 방법론을 익히고 이를 주도할 수 있는 사람들이 조직 내에 등장할 수 있다면, 그 성과는 비용 대비 효과라는 면에서 개선이나 혁신과는 비교할 수 없을 정도로 커진다. 시장의 기존 질서를 뒤흔들 수도 있고, 단숨에 일등 기업으로 진입할 수도 있다. 생존과 번영을 위해 고심하는 조직들이 창조경영에 깊은 관심을 가져야 할 이유가 여기에 있다.

KI신서 1079
공병호의 창조경영

1판 1쇄 발행 2007년 7월 25일
1판 6쇄 발행 2010년 4월 29일

지은이 공병호 **펴낸이** 김영곤 **펴낸곳** (주)북이십일 21세기북스
기획·편집 정지은   **마케팅·영업** 최창규, 김보미
출판등록 2000년 5월 6일 제10-1965호
주소 (우413-756) 경기도 파주시 교하읍 문발리 파주출판단지 518-3
대표전화 031-955-2100 **팩스** 031-955-2151 **이메일** book21@book21.co.kr
홈페이지 www.book21.com

값 12,000원
ISBN 978-89-509-1137-9 13320

이 책 내용의 일부 또는 전부를 재사용하려면 반드시 (주)북이십일의 동의를 얻어야 합니다.
잘못 만들어진 책은 구입하신 서점에서 교환해 드립니다.